定位经典丛书
对美国营销影响巨大的观念

董事会里的战争

WAR IN THE BOARDROOM
WHY LEFT-BRAIN MANAGEMENT AND RIGHT-BRAIN MARKETING
DON'T SEE EYE-TO-EYE AND WHAT TO DO ABOUT IT

[美] 艾·里斯（Al Ries）　著
劳拉·里斯（Laura Ries）

寿雯◎译

机械工业出版社
CHINA MACHINE PRESS

图书在版编目（CIP）数据

董事会里的战争 /（美）里斯（Ries, A.），（美）里斯（Ries, L.）著；寿雯译 . —北京：机械工业出版社，2013.8（2024.8重印）
（定位经典丛书）
书名原文：War in the Boardroom: Why Left-Brain Management and Right-Brain Marketing Don't See Eye-to-Eye and What to Do About It

ISBN 978-7-111-43434-4

Ⅰ . 董… Ⅱ . ①里… ②里… ③寿… Ⅲ . 企业管理–研究 Ⅳ . F270

中国版本图书馆 CIP 数据核字（2013）第 162953 号

版权所有·侵权必究
封底无防伪标均为盗版

北京市版权局著作权合同登记　图字：01-2013-4199 号。

Al Ries，Laura Ries. War in the Boardroom: Why Left-Brain Management and Right-Brain Marketing Don't See Eye-to-Eye and What to Do About It.
ISBN 978-0-06-166919-4
Copyright © 2009 by Al Ries and Laura Ries.
Published by arrangement with Harper Collins Publishers, USA.
Simplified Chinese Translation Copyright © 2013 by China Machine Press.
No part of this book may be reproduced or transmitted in any form or by any means, electronic or mechanical, including photocopying, recording or any information storage and retrieval system, without permission, in writing, from the publisher.
All rights reserved.

本书中文简体字版由 Al Ries and Laura Ries 通过 Ries & Chuang & Wong Branding Consulting 授权机械工业出版社在中国大陆地区（不包括香港、澳门特别行政区及台湾地区）独家出版发行。未经出版者书面许可，不得以任何方式抄袭、复制或节录本书中的任何部分。

机械工业出版社（北京市西城区百万庄大街 22 号　　邮政编码　100037）
责任编辑：王金强　　　　版式设计：刘永青
固安县铭成印刷有限公司印刷
2024 年 8 月第 1 版第 21 次印刷
170mm × 242mm • 16.75 印张
标准书号：ISBN 978-7-111-43434-4
定价：59.00 元

客服电话：（010）88361066　68326294

目录

总序
推荐序
前言　被划分的大脑

引言　丝绒幕帘　//1

第 1 章　管理派注重事实　//9
　　　　营销派注重认知

第 2 章　管理派关注产品　//15
　　　　营销派关注品牌

第 3 章　管理派拥有品牌　//27
　　　　营销派拥有品类

第 4 章　管理派要求更好的产品　//33
　　　　营销派要求不同的产品

第 5 章　管理派主张完整的产品线　//43
　　　　营销派主张狭窄的产品线

第 6 章　管理派倾向品牌扩张　//53
　　　　营销派倾向品牌收缩

第 7 章　管理派力求首先进入市场　//65
　　　　　营销派力求首先进入心智

第 8 章　管理派期望"爆炸式"推动品牌　//75
　　　　　营销派期望缓慢建立品牌

第 9 章　管理派以市场中心为目标　//83
　　　　　营销派以市场终端为目标

第 10 章　管理派想要占据所有词汇　//91
　　　　　　营销派想要独占一个字眼

第 11 章　管理派使用抽象的语言　//103
　　　　　　营销派使用直观的视觉

第 12 章　管理派偏好单品牌　//113
　　　　　　营销派偏好多品牌

第 13 章　管理派重视好点子　//125
　　　　　　营销派重视可信度

第 14 章　管理派认同复合品牌　//141
　　　　　　营销派认同单一品牌

第 15 章　管理派指望不断的增长　//151
　　　　　　营销派指望市场的成熟

第 16 章　管理派倾向扼杀新品类　//161
　　　　　　营销派倾向开创新品类

第 17 章　管理派要传播　//171
　　　　　　营销派要定位

第 18 章　管理派希望顾客永远忠诚　//177
　　　　　　营销派乐见顾客阶段性追捧

第 19 章　管理派钟爱优惠券和促销
　　　　　营销派憎恶之　　　　// 181

第 20 章　管理派试图模仿竞争对手
　　　　　营销派想要站到对手的对立面　// 189

第 21 章　管理派不愿更改品牌名
　　　　　营销派则欢迎新品牌名　// 201

第 22 章　管理派热衷推陈出新
　　　　　营销派认为一个就好　// 213

第 23 章　管理派热衷多媒体
　　　　　营销派则反对　　// 219

第 24 章　管理派关注短期
　　　　　营销派关注长期　// 229

第 25 章　管理派依靠常理
　　　　　营销派依靠直觉　// 237

定位理论
中国制造向中国品牌成功转型的关键

历史一再证明,越是革命性的思想,其价值被人们所认识越需要漫长的过程。

自 1972 年,美国最具影响力的营销杂志《广告时代》(Advertising Age)刊登"定位时代的到来"(The Positioning Era Cometh)系列文章,使定位理论正式进入世界营销舞台的中央,距今已 41 年。自 1981 年《定位》(Positioning)一书在美国正式出版,距今已经 32 年。自 1991 年《定位》首次在中国大陆出版(其时该书名叫《广告攻心战》)距今已经 22 年。然而,时至今日,中国企业对定位理论仍然知之甚少。

表面上,造成这种现状的原因与"定位理论"的出身有关,对于这样一个"舶来品",很多人还未读几页就迫不及待地讨论所谓"洋理论"在中国市场"水土不服"的问题。其根本原因在于,定位所倡导的观念不仅与中国企业固有思维模式和观念存在巨大的冲突,也与中国企业的标杆——日韩企业的主流思维模式截然相反。由于具有地缘性的优势，以松下、索尼为代表的日韩企业经验一度被认为更适合中国企业。

从营销和战略的角度，我们把美国企业主流的经营哲学称为 A（America）模式，把日本企业主流的经营哲学称为 J（Japan）模式。总体而言，A 模式最为显著的特点就是聚焦，狭窄而深入；J 模式则宽泛而浅显。简单讨论二者的孰优孰劣也许仁者见仁，很难有实质的结果，但如果比较这两种模式典型企业的长期盈利能力，则高下立判。

通过长期跟踪日本企业和美国企业的财务状况，我们发现，典型的 J 模式企业盈利状况都极其糟糕，以下是日本六大电子企业在 1999～2009 年 10 年间的营业数据：

日立销售收入 84 200 亿美元，亏损 117 亿美元；

松下销售收入 7 340 亿美元，亏损 12 亿美元；

索尼销售收入 6 960 亿美元，税后净利润 80 亿美元，销售净利润率为 1.1%；

东芝销售收入 5 630 亿美元，税后净利润 4 亿美元；

富士通销售收入 4 450 亿美元，亏损 19 亿美元；

三洋销售收入 2 020 亿美元，亏损 36 亿美元。

中国企业普遍的榜样、日本最著名六大电子公司 10 年间的经营成果居然是亏损 108 亿美元，即使是利润率最高的索尼，也远低于银行的贷款利率（日本大企业全仰仗日本政府为刺激经济采取对大企业的高额贴息政策，资金成本极低，才得以维持）。与日本六大电子企业的亏损相对应的是，同期美国 500 强企业平均利润率高达 5.4%，优劣一目了然。由此可见，从更宏观的层面看，日本经济长期低迷的根源远非糟糕的货币政策、金融资产泡沫破灭，而是 J 模式之下实体企业普遍糟糕的盈利水平。

定位理论正由于对美国企业的深远影响，成为"A 模式背后的理论"。自诞生以来，定位理论经过了四个重要的发展阶段。

20 世纪 70 年代：定位的诞生。"定位"最为重要的贡献是在营销史上指出：营销的竞争是一场关于心智的竞争，营销竞争的终极战场不是工厂也不是市场，而是心智。心智决定市场，也决定营销的成败。

20 世纪 80 年代：营销战。20 世纪 70 年代末期，随着产品的同质化和市场竞争的加剧，艾·里斯和杰克·特劳特发现，企业很难仅通过满足客户需求的方式在营销中获得成功。而里斯早年的从军经历为他们的营销思想带来了启发：从竞争的极端形式——战争中寻找营销战略规律。（实际上，近代战略理论的思想大多源于军事领域，战略一词本身就是军事用语。）1985 年，《商战》（*Market Warfare*）出版，被誉为营销界的"孙子兵法"，其提出的"防御战""进攻战""侧翼战""游击战"四种战略被全球著名商学院广泛采用。

20 世纪 90 年代：聚焦。20 世纪 80 年代末，来自华尔街年复一年的增长压力，迫使美国的大企业纷纷走上多元化发展的道路，期望以增加产品线和服务的方式来实现销售和利润的增长。结果，IBM、通用汽车、GE 等大企业纷纷陷入亏损的泥潭。企业如何获得和保持竞争力？艾·里斯以一个简单的自然现象给出了答案：太阳的能量为激光的数十万倍，但由于分散，变成了人类的皮肤也可以享受的温暖阳光，激光则通过聚焦获得力量，轻松切割坚硬的钻石和钢板。企业和品牌要获得竞争力，唯有聚焦。

21 世纪：开创新品类。2004 年，艾·里斯与劳拉·里斯的著作《品牌的起源》（*The Origin of Brands*）出版。书中指出：自然界为商业界提供了现成模型。品类是商业界的物种，是隐藏在品牌背后的关键力量，消费者"以品类来思考，以品牌来表达"，分化诞生新品类，进化提升新品类的竞争力量。他进一步指出，企业唯一的目的就是开创并主导新品类，苹果公司正是开创并主导新品类取得成功的最佳典范。

经过半个世纪以来不断的发展和完善，定位理论对美国企业以及全球企业产生了深远的影响，成为美国企业的成功之源，乃至成为美国国家竞争力的重要组成部分。

过去41年的实践同时证明，在不同文化、体制下，以"定位理论"为基础的A模式企业普遍具有良好的长期盈利能力和市场竞争力。

在欧洲，20世纪90年代初，诺基亚公司受"聚焦"思想影响，果断砍掉橡胶、造纸、彩电（当时诺基亚为欧洲第二大彩电品牌）等大部分业务，聚焦于手机品类，仅仅用了短短10年时间，就超越百年企业西门子成为欧洲第一大企业。（遗憾的是，诺基亚并未及时吸收定位理论发展的最新成果，把握分化趋势，在智能手机品类推出新品牌，如今陷入新的困境。）

在日本，三大汽车公司在全球范围内取得的成功，其关键正是在发挥日本企业在产品生产方面优势的同时学习了A模式的经验。以丰田为例，丰田长期聚焦于汽车领域，不断创新品类，并启用独立新品牌，先后创建了日本中级车代表丰田、日本豪华车代表雷克萨斯、年轻人的汽车品牌赛恩，最近又将混合动力汽车品牌普锐斯独立，这些基于新品类的独立品牌推动丰田成为全球最大的汽车企业。

同属电子行业的两家日本企业任天堂和索尼的例子更能说明问题。索尼具有更高的知名度和品牌影响力，但其业务分散，属于典型的J模式企业。任天堂则是典型的A模式企业：依靠聚焦于游戏机领域，开创了家庭游戏机品类。尽管任天堂的营业额只有索尼的十几分之一，但其利润率一直远超过索尼。以金融危机前夕的2007年为例，索尼销售收入704亿美元，利润率1.7%；任天堂销售收入43亿美元，利润率是22%。当年任天堂股票市值首次超过索尼，一度接近索尼市值的2倍，至今仍保持市值上的领先优势。

中国的情况同样如此。

中国家电企业普遍采取 J 模式发展，最后陷入行业性低迷，以海尔最具代表性。海尔以冰箱起家，在"满足顾客需求"理念的引导下，逐步进入黑电、IT、移动通信等数十个领域。根据海尔公布的营业数据估算，海尔的利润率基本在 1% 左右，难怪海尔的董事长张瑞敏感叹"海尔的利润像刀片一样薄"。与之相对应的是，家电企业中典型的 A 模式企业——格力，通过聚焦，在十几年的时间里由一家小企业发展成为中国最大的空调企业，并实现了 5%～6% 的利润率，与全球 A 模式企业的平均水平一致，成为中国家电企业中最赚钱的企业。

实际上，在中国市场，各个行业中发展势头良好、盈利能力稳定的企业和品牌几乎毫无例外都属于 A 模式，如家电企业中的格力、汽车企业中的长城、烟草品牌中的中华、白酒品牌中的茅台和洋河、啤酒中的雪花等。

当前，中国经济正处于极其艰难的转型时期，成败的关键从微观来看，取决于中国企业的经营模式能否实现从产品贸易向品牌经营转变，更进一步看，就是从当前普遍的 J 模式转向 A 模式。从这个意义上讲，对于 A 模式背后的理论——定位理论的学习，是中国企业和企业家们的必修课。

令人欣慰的是，经过 20 多年来著作的传播以及早期实践企业的示范效应，越来越多的中国企业已经投入定位理论的学习和实践之中，并取得了卓越的成果，由此我们相信，假以时日，定位理论也必将成为有史以来对中国营销影响最大的观念。如此，中国经济的成功转型，乃至中华民族的复兴都将成为可能。

张　云

里斯伙伴中国公司总经理

重构企业大脑

1982年，时任麦肯锡公司咨询顾问的汤姆·彼得斯与沃特曼出版了《追求卓越》（*In Search for Excellence*）一书，这本书中列举当时堪称"卓越"的40几家企业，并从这些企业身上总结出了"采取行动""接近顾客""以人为本"等卓越企业的八大特质。此书甫一出版，就在全美乃至全球企业界产生了巨大的影响，一举奠定了汤姆·彼得斯"管理大师"的地位。

然而仅仅10年之后，从20世纪90年代开始，被书中列为"卓越"的公司纷纷开始出现了问题：王安公司破产，达美航空处于破产边缘，国家半导体公司一蹶不振，IBM经过重大的变革和重组才得以从巨额亏损的泥潭中走出，书中最为推崇的DEC公司（时为美国第二大电脑公司）也最终被康柏收购。这一结果大大出乎汤姆·彼得斯所料，以至于他甚至不再相信有所谓的"卓越"企业存在。然而，究竟是什么原因让这些"卓越"

的企业变得平庸和虚弱，他一直未能找到答案。

巧合的是，就在汤姆·彼得斯还在忙于酝酿和写作《追求卓越》一书的某一天，定位理论的创始人艾·里斯先生正在DEC的CEO肯·奥尔森的办公室里与之就未来的战略进行着激烈的讨论。在整整一天的争论之后，肯·奥尔森最终没有接受里斯先生提出的"把战略聚焦到未来更有前景的个人电脑上，抢在IBM之前推出世界上第一台个人电脑"的建议。奥尔森认为，DEC可以推出比IBM更好的个人电脑，胜利最终属于DEC。后来的结局证明，正是这一天的决定使得DEC丧失了成为全球第一大PC企业的机会。

更为巧合的是，里斯先生同样为IBM等其他"卓越"企业的高层提供了战略咨询。与汤姆·彼得斯等人看法截然不同的是，里斯先生认为这些企业虽然从"管理"的角度堪称卓越，但从营销的角度却存在严重的战略问题：王安原本代表打字机品类，随着PC的兴起，打字机逐渐被替代，王安公司也推出了PC，但由于仍然使用王安品牌，注定无法获得成功；IBM代表主机服务，推出PC之后，仍然使用同一品牌，存在严重的战略骑墙；而达美航空则长期缺乏差异性的定位；摩托罗拉的多元发展必然稀释品牌竞争力，必须分拆业务；柯达除非在数码相机领域启用新品牌，否则消亡不可避免……

为何在管理大师眼中的"卓越"企业，在营销大师看来却问题重重？事实上，在里斯先生半个多世纪的咨询生涯中，他和他的伙伴们的大部分时间都是在为这些"卓越"的大企业提供战略咨询，观念的碰撞使他无可避免地经历了无数次企业董事会里的战争，战争大多以管理派CEO们获胜而企业最终选择了糟糕的战略而告终。对此，深感遗憾之余，也引发了里斯先生深深的思考，半个多世纪之后，里斯先生和劳拉女士终于给出了答案。

《董事会里的战争》一书揭示了一个普遍存在于全球企业界的惊人现

实：“企业大脑”存在严重的先天缺陷——左脑和右脑严重失衡，其中占据绝对比例的企业为"管理思维"的左脑所主导，成为畸形的左脑型企业。这些企业的典型特征就是具有良好的内部运营管理和效率，但由于缺乏右脑的"营销思维"，这些企业往往在营销和战略上将不可避免地陷入误区。回顾《追求卓越》一书中所列出的那些后来陷入困境的卓越企业，以及今天不断陷入困境的企业：美国三大汽车公司，松下、日立等以"精益"管理著称的日本企业，皆属此类。

值得关注的是，中国企业界的情形有过之而无不及。长期以来，中国企业普遍习惯于发自企业内部的提高内部效率、降低成本的竞争方式，却弱于立足企业外部、营销导向的思考。除书中提及的联想以外，海尔、海信、格兰仕等企业所遭遇的发展瓶颈，甚至整个家电行业的集体疲软都与此有关。

在某种意义上，本书的发现不仅解答了前面所提的那个一直困扰管理大师们的问题：究竟是什么原因让这些"卓越"的企业变得平庸和虚弱？而且本书也为"卓越"的企业提供了新的定义：迈向卓越的企业必需具有健全、平衡的企业大脑，能够良好地协调和利用"管理思维"及"营销思维"。在现实中，那些真正称得上基业长青的少数企业，如可口可乐、宝洁正是这种"左右脑"平衡的典范。从国内的情况来看，那些实现了两种思维相对平衡的企业也成长良好，如格力、蒙牛、娃哈哈等。从这个意义上讲，当前企业所面临的首要课题，正在于重构健全、平衡的企业大脑。

然而，作为全球营销领域顶尖的大师和营销派思维的代表，里斯先生与全球大企业的"管理派"CEO们长达半个多世纪的"战争"经验证明"两种截然不同的思维方式要完全相互理解，几乎不可能"。所以，如何重构健全、平衡的企业大脑对于企业管理层而言，任重而道远，这或许正是企业跨越平庸，迈向卓越必需的门槛。

该书逐一列举了管理派与营销派两种思维方式对 25 个关于营销、品牌与战略关键问题截然相反的观点。几乎每一条观点背后，都有与企业和品牌有关的兴衰故事，由此也足见企业面临的巨大决策风险，可谓一念之间，谬以千里。期望中国的企业家们能从《董事会里的战争》一书中体会定位大师的良苦用心和微言大义。

张　云

里斯伙伴中国公司总经理

前言

被划分的大脑

人类的大脑分为左右两个半球,每个半球处理不同类型的信息。

左半脑处理连续的信息,以线性和系统方法用语言进行思维。

右半脑处理平行的信息,用图像进行思维,负责抓取重点。

思维习惯通常被其中一个半球主导,这与人类的另一个特征是一致的。

有人惯用左手,也有人惯用右手。类似地,有人用左脑思考,也有人用右脑思考(这两种情况并不互相影响,用左脑思考的人可以惯用右手也可以惯用左手,反之亦然)。

你属于哪一种?

如果你是一个企业的CEO,那么你很有可能是左脑思维者。在做出决定之前,你需要得到事实、图表、市场数据和消费者调查的支持。否则,盈亏结算和股票市值也不会成为商业中最基本的衡量标准了。

如果你从事营销方面的工作，你很有可能是右脑思维者。你的决定常常是凭借"本能的直觉"，很少或几乎不依靠任何支持性的证据，否则也不会有像营销这样富有创造性的学科了。

语言思维 vs. 视觉思维

两者的另一个显著差别是左脑思维者偏好语言思维，而右脑思维者偏好视觉思维。

当一位管理派人士做演讲时，他通常站在讲台后，照着题词板或文稿朗读。

当一位营销派人士做演讲时，他通常站在屏幕前，展示很多图片或影像。

左脑思维倾向的管理层即使在演讲时使用幻灯片演示，那些视觉上的元素也不是图像，只是一些文字。

因为他们是语言思维导向的，所以左脑思维者有很强的口头表达能力，而右脑思维者通常是很好的写手。

为什么？因为相比于语言思维，在纸上书写文字更像是视觉挑战。例如，在信件和电子邮件中，右脑思维者通常会在每一行中表达一个完整的意思。

分析性思维 vs. 全局性思维

那些研究风险管理科学与艺术的左脑思想家们聘用博士建立复杂的计算机系统，在复杂的抵押贷款文件档案中分析每一个出错的可能。

现在看起来似乎是他们遗漏了可能出错的价值约 7 000 亿美元的东西。⊖

全局性的右脑思维者会在全局中看到重点。为什么要把钱借给无力偿还的人？

计算机是绝对的"左脑思维"机器——可以对几百万条信息进行分析和追踪，却在抓取重点时彻底迷失。

华尔街上那些金融机构依靠计算机来决定投资风险，这正是左脑思维者典型的愚行。正如沃伦·巴菲特（Warren Buffett）所言："不要做公式化的傻子。"

一台计算机只会往后看，它只能对已经存在的数据进行分析。人类的大脑，尤其是习惯于右脑思维的，会对未来可能发生的事情进行设想。

确定 vs. 不确定

逻辑和分析性思维使人们对预知未来的能力充满信心。毕竟，如果你已经对一个情况的众多细节都进行了研究，你就应该能预见接下来会发生的事。

这就是左脑思维的领导者通常对他们的预知能力抱有绝对信心的原因。

如果董事会的办公桌上有很多战略方案，当 CEO 带着他对未来的看法参与会议时，讨论就无法进行。"我们就执行第一个方案好了，因为它会在可见的未来给我们带来最好的结果"，讨论就此结束。

我们带着挫败感离开会议。面对一个对未来有着非凡预知能力、知晓适合公司战略的 CEO，我们无从与之争论。

⊖ 作者也可能暗指尽管有这样庞杂的系统对次贷进行分析，但是美国政府于 2008 年 10 月通过方案，斥资 7 000 亿美元来挽救由次贷引起的全球金融危机。——译者注

你知道吗，包括你正在阅读或即将阅读的书籍在内，所有的印刷媒体都将在 2017 年之前废弃。至少微软的 CEO 史蒂夫·鲍尔默（Steve Ballmer）在 2007 的时候是这样预言的。

"不出 10 年，我们今天定义为媒体的任何形式，无论是印刷媒体、电视或互联网，都将通过 IP（网络协议）和数字信号传输，"鲍尔默先生如是说，"所有的内容都将通过数字信号传输，任何你阅读的内容也将由屏幕来承载。"

正如我们记得的，广播的普及使报纸和杂志过时，电视也让广播过时了，那么互联网会让所有这些都过时的。等着瞧吧。

"确定"是左脑思维者的记号，而右脑思维者从不如此确定（这个世界太大、太复杂，太让人困惑，任何人都无法真正领会）。

如果你会对不同战略的结果持有不确定性，那么你很有可能会想尝试一个全新的概念。

再问一次，你属于哪一类型？

也许你会认为你可以支配你的左右脑同等灵活地思考，但研究表明这不太现实。

两手同能 vs. 两脑同能

左手画方、右手画圆几乎不可能。许多人被认为是可以平衡地使用左右手（比如棒球比赛中左右手都能打的击手），但其实他们是左撇子，经过了长期训练才能灵活地使用右手，反之亦然。

平衡使用左右半脑也几乎不可能实现，你可以学习如何练习使用你不常用的那半边大脑，但要做到左右同时平等地工作基本是不可能的，先天就决定了你在生活中是左脑思维者还是右脑思维者。

这也不是什么坏事。

这样的思维差异造就了各行各业：艺术家和银行家、会计师和音乐家、教师和房地产经纪、作家和工程师、建筑师和律师。

每个职业都吸引着用左脑或右脑思考的人。管理和经营一个企业或许需要逻辑和分析性思维的人，但是企业同样需要一个直觉敏锐、能全局思考的人来推行营销。

再问一次，你属于哪一类型

当第一次提出这个概念时，大部分人都认为自己是左脑思维者。为什么？因为绝大多数人都很自信。他们认为自己总是对的，错的总是那些持反对意见的人。

"我是对的，你错了。"是人类大脑最普遍的态度，这也没什么害处。但是人类是如何发展起如此强烈的信念的？人们认为这一定是逻辑和分析性思维的结果。

这也不全对。你同样可以是一个非常自信的右脑思维者。直觉性的思考也像逻辑思考一样对自己抱有确定的态度——甚至更加确定，因为他们不需要用事实来支持自己的结论。

即使你不能平衡使用大脑，但你仍然在使用左右两个半脑，只是更偏好其中一个。这就像人们用双手干活，但习惯于用左手或右手。

然而，当左右大脑严重失衡时，就会像患有自闭症（左脑失衡）或读写障碍症（右脑失衡）等大脑失调症状一样。

一些大脑正处于发育阶段的儿童患有此类症状，神经学专家认为这是可以通过加强刺激其中一个半脑得到完全治愈的。大脑平衡中心（Brain Balance Centers）是这个方法领域的开拓者。

管理者 vs. 企业家

左右半脑的概念也有助于解释企业家和管理者这两者的不同。

绝大多数企业家都是右脑思维的，他们通常都是盯着"重点"的"梦想家"，时常就短期的境况感到困扰（这是直觉和整体思维方式的一个典型）。

历史经验告诉我们，企业家通常都不善于长期管理。也许一个企业需要由一个右脑思考者来促使其取得发展，也需要一个左脑思考者在它确实开始发展之后对其进行长期的管理。

史蒂芬·斯特恩（Stefan Stern，英国《金融时报》商业专栏作家）在《金融时报》专栏中这样写道："没有企业家，就没有了业务。但是如果一直让企业家来管理，也同样不会有太多的业务。"

董事会里的战争

在多年的咨询生涯中，我们也参与了多场这样的战争，战争中留下的疤痕可以为此作证。

在失败的战争中，似乎有一个共同的主题——管理派总是赞成那些苍白的"常理"式的想法和概念，这也是他们左脑思考的一个映射。

我们赞成的观点和概念也许不太合乎逻辑，但是直觉告诉我们，这些想法都会奏效，这同样是我们右脑思考的一个映射。

最终由谁决定？牌局早已设定。任何一个营销决策都必须得到管理派的认同。

在本书中，我们发掘了管理思维和营销思维之间差异所在的25个方面——也是左脑思维者和右脑思维者之间的差异。

当然，并不是所有的管理派都是左脑思维者，也并非所有的营销派都是右脑思维者。

有一个CEO很显然是一个右脑思维者，他就是苹果公司的前任CEO史蒂夫·乔布斯（Steve Jobs），商业界最伟大的领袖之一。乔布斯先生不屑于做营销调查，且非常相信直觉。这正是右脑思维者的两个特征。

董事会里的多样化

很多董事会战争在具有同一目的但思维方式迥异的两方之间发生，只要双方能彼此理解，差异也不见得是坏事。

最近我们为印度的一个客户完成了一项咨询服务。他们的产品获得了极大的成功，他们也聘用我们为其第二个项目提供咨询。

后来，他们的首席执行官告诉我们，之前他认为我们的想法很"愚蠢"，但是出于对我们的信任，他还是接受了我们的意见。

这是注定要发生的。如果你是逻辑思维的左脑思考者，你对右脑思维者提出的营销概念不会有太大的热情，它们对你来说是毫无意义的。

我们希望管理派人士能花一些时间更好地去了解营销规则，尤其是"常理"与"营销感觉"之间的差异。

我们同样希望营销派人士也能花时间去更好地了解提案总是遭到管理派反对的原因，尤其是在提案时，他们需要用更加具有逻辑性、符合表述和分析思维的方式表现出来。

这也正是本书的初衷所在。

WAR IN THE BOARDROOM

引言

丝绒幕帘

从纽约的通用电气公司到洛杉矶的迪士尼公司，全美国的公司里都垂着一块丝绒幕帘，把营销派人士和管理派人士分隔开来。

这是一个难解之谜。"营销太重要了，"惠普公司的创始人之一大卫·帕卡德（David Packard）说，"不能把它留给营销人员。"

另一方面，营销对于管理派来说又过于复杂，特别是管理派几乎都没有营销经验，而且对营销定律一无所知。

两者间的鸿沟

鸿沟变得越来越宽了。对于一个在商业或体育上想要取得成功的团队来说，它严重削弱了内部凝聚力。

"人人为我，我为人人"的古老箴言很难在当今美国企业的办公室走廊里听到了。

在大多数公司里，左脑思维的管理派和右脑思维的营销派始终处于战争状态。这对公司、对他们各自的职业、对顾客，甚至对整个经济都没有好处。

德勤会计师事务所（Deloitte）最近对欧洲5个国家的217位企业高管做了深入访问。根据事务所的报告来看，"绝大多数的CEO认为他们的企业机构明白营销的角色，而我们调查的其余高级管理人员和营销团队对此表示坚决反对"。

《财富》杂志夸张地描述了这一鸿沟。为庆祝创刊75周年，出版社列出了"75本书，教你了解商业中你必须了解的事"。

这75本书中有几本是有关营销的？显然，营销并不是你要了解商业所必须了解的事情之一，因为营销类的书籍并没有被列入其中。

杰克·韦尔奇（Jack Welch），这位被《财富》杂志誉为"20世纪最佳经理人"的通用电气前任 CEO 在他的两本畅销书作《杰克·韦尔奇自传》（*Straight from the Gut*）和《赢》（*Winning*）中提到了有关营销的哪些内容呢？

几乎没有。

然而，他写了很多有关人力资源管理的内容，"人力资源主管应该是企业机构中第二重要的人"（确实是一个忙碌的人，可以取代那些通常任期只有 26 个月的首席营销官）。

杰克·韦尔奇在通用电气干得非常出色。当然其中的一个原因是，他不必为营销问题担忧，因为通用电气已经是一个非常强大的品牌了。

如果让韦尔奇先生掌管克莱斯勒（Chrysler），那结果就不一样了。

我们的同情心 vs. 我们的财政

作为营销派，我们的同情心与营销执行人员同在。但是我们的财政又依靠那些聘用我们为公司提供营销战略的公司执行官。

作为营销咨询，我们很高兴（也很痛苦）要和不同行业的几百家公司一起工作。通常是公司的 CEO 聘用我们，通常是这些 CEO 列出公司正面临的问题，通常也是这些 CEO 来决定是否接受我们的建议。

那么我们为之提供战略咨询的公司的营销派在哪里？他们基本都坐在会议桌的一边，另一边坐着公司的管理派。在这两方之间就是那块丝绒幕帘。

我们写这本书就是想尝试把这块丝绒幕帘收起来，为鸿沟的两边架起桥梁，帮助营销派理解管理派，也帮助管理派理解营销派。

教育首席执行官

作为营销咨询,你也许以为我们很多时候都在为客户的营销项目提供战略和战术建议。但事实并不是。我们花很多时间把营销规则教给管理派。

大部分CEO都极为聪明。一个昏暗的灯泡很难照亮办公室的角落。当CEO明白了营销可以(以及无法)做到的事情,CEO常常就明白了该怎么做。

不幸的是,那些极为聪明的CEO们同样对营销有一个极为歪曲的认识。

要纠正那些想法是很困难的,因为拥有很强逻辑性的左脑思维管理派对营销的所有认识都是错的。

营销不是"常理",也不是很容易就学会的。如果它是,那么也不必聘请首席营销官了。让公司的那些"常理"思维的管理派来负责商业营销事务就好了。

一个个公司接连陷入困境,是因为它们聘用了学识和常识都很渊博却很难改变固有想法的CEO,这些CEO对营销知之甚少或一无所知。

就拿克莱斯勒公司来说。2006年,克莱斯勒的销售业绩下滑了7个百分点,公司损失了15亿美元。这也是戴姆勒(Daimler)最终在2007年把公司交给赛伯乐资产管理公司(Cerberus Capital Management)的原因之一。

赛伯乐接下来做了什么?它们聘用了家得宝(Home Depot)前任首席执行官罗伯特·纳德利(Robert Nardelli),带领克莱斯勒走出困境。

纳德利先生专长什么?据报纸报道称,他是一个"缩减成本,大规模生产"的专家。

克莱斯勒计划减少13 000个工作岗位。纳德利先生对此管理方法发表了看法:"如果我们能做得更快、更有效率,这也是我们想要做的,我们就能够做到。"

不够快?不够有效率?那是克莱斯勒的问题吗?每一个营销派都知道

克莱斯勒的问题是什么。它不是一个大规模生产的问题，也不是价格问题。

请说出一个购买克莱斯勒汽车的理由。我们说不出来，你能吗？

克莱斯勒有一个营销问题

让克莱斯勒汽车更便宜、更快，并不能解决问题。相对来说，克莱斯勒的售价已经比丰田（Toyota）、本田（Honda）和日产（Nissan）汽车便宜了。

当首席执行官意识到营销问题时，他的日子就不是很好过了。要成为一个CEO，你必须要热爱你的企业并表达你对公司品牌永久的忠诚。

即使是一个外行人也必须对公司的品牌顶礼膜拜。

正如纳德利加入克莱斯勒时说的那样："这样做不仅仅与财政相关，这关乎把让人无限崇拜的克莱斯勒品牌带到它应有的地位。"

如果你连问题都没有认清，又如何能解决问题？营销派会认为克莱斯勒是一个"让人无限崇拜"的品牌吗？

梅赛德斯-奔驰（Mercedes-Benz）还差不多，但是克莱斯勒呢？

从一个营销派的观点来看，大部分克莱斯勒品牌简直一团糟。克莱斯勒是什么？是并不昂贵的PT漫步者（PT Cruiser），还是昂贵的克莱斯勒300？

道奇（Dodge）是什么？是便宜的轿车？还是昂贵的卡车？或者反之亦然？

然而根据公司的"常理"思维，它们需要全线产品，用它们的品牌名来做营销。

几年前，在克莱斯勒收购美国汽车公司（American Motors）时，那家公司也是一团糟。唯一具有较强认知度的美国汽车公司品牌是吉普（Jeep）[即使在当时，美国汽车公司也认为它们的吉普经销商同样应该出售鹰牌（Eagle）客车]。

收购之后，被克莱斯勒保留下来的美国汽车公司的品牌只有吉普，其他的都停放在了历史的停车库里。

交易中的两种不同"措施"

一种是管理式措施，另一种是营销式措施。

1998年，戴姆勒-奔驰（Daimler-Benz）以360亿美元的价格买下克莱斯勒。《国际论坛先驱报》（*International Herald Tribune*）称其为"在全球汽车工业的未来蓝图上具有里程碑意义的一次交易"。

这听起来像什么？对我们来说，听起来像是典型的左脑管理式措施。

右脑营销式措施恰恰相反：一家德-美汽车公司既出售便宜的汽车又出售昂贵的汽车？

直觉上，它对营销毫无意义。

它对财政也没什么意义。把克莱斯勒在一桩复杂的交易中出售给赛伯乐资产管理公司后，根据我们的估算，当时戴姆勒花费的360亿美元只值16亿美元了（最近戴姆勒把克莱斯勒股份的价值减记为零）。

为什么克莱斯勒的收购案对戴姆勒来说成了一场灾难？因为它是一个并不了解营销重要性的管理派所做的决定。

管理派（以及他们的合并-收购联盟）想把两家公司捆绑在一起以取长补短。通过这样的方式，以争取更大的潜在市场。

确实如此。但是营销派会指出，这类合并会毁了品牌。戴姆勒-克莱斯勒是一个缺乏可靠性和鲜明意义特征的汽车公司。戴姆勒-克莱斯勒如何在这样一个弱势的基础上建立它的品牌呢[就像要把可口可乐（Coca-Cola）和伊士曼·柯达（Eastman Kodak）合并起来生产一个叫可口-柯达的联合大企业一样]？

低价 vs. 高价

左脑逻辑思维的管理派想要做业绩，所以他们强调的是降低成本和大规模生产。

右脑直觉思维的营销派想要建立品牌。通常建立一个品牌最好的方法是让产品的定价高过竞争对手，这样你的品牌就能获得一个"产品更好"的认知。

例如，星巴克（Starbucks）、红牛（Red Bull）、绝对伏特加（Absolut）、灰雁伏特加（Grey Goose）、劳力士（Rolex）、雷克萨斯（Lexus）、梅赛德斯-奔驰、博士（Bose）、戴森电器（Dyson）、依云（Evian）、Grey Poupon芥末酱、高迪瓦巧克力（Godiva）和其他很多品牌。

高价不一定不好。品牌的其中一个释义是让顾客愿意出比购买同类商品更多的钱去购买的产品或服务。

如果消费者在同类产品的选择中不愿意花更多的钱去购买你的品牌，那么你不能算真正拥有一个品牌，你有的不过是一个有名字的商品而已。

联邦快递公司（Federal Express）早期的历史说明了管理式方法和营销式方法的区别——换句话说，是价格战和品牌战之间的区别。

早期，联邦快递试图与航空货运的领导者艾莫瑞空运公司（Emery Air Freight）打一场价格战。联邦快递的每一项服务（隔夜送达、次日送达、三日送达）都比艾莫瑞相应的服务费用要低。

但它的战略并没有奏效。在头三年里，联邦快递损失了2 900万美元。

之后，企业家弗雷德·史密斯（Fred Smith）改变了品牌营销手段。他聚焦到"隔夜送达"服务上，并把广告预算提高了5倍，在广告中打出了品牌标语"绝对、肯定为您隔夜送达"。

接着，惊人的转变出现了。联邦快递主导了隔夜送达业务并且成为比艾莫瑞更大的企业。

讽刺的是，联邦快递从未放弃它的次日送达和三日送达业务。你仍然能在它的提单上看到这些服务。

但从认知的角度来看，联邦快递仍然是"隔夜送达"的快递服务。

扩张 vs. 缩减

在评估公司的战略时，管理派和营销派就成为分开的两极。

左脑思维的管理派的第一个想法就是扩张业务。在家得宝，纳德利先生的第一个举动就是通过收购约 25 家批发供货商来扩张它的建材供应业务（家得宝最终出售了此项业务）。

右脑思维的营销派的第一个想法常常是聚焦。如果你无法在消费者的心智中代表一个东西，你就无法建立一个品牌。通常最好的方法是代表一种单一的服务或具备一种特有的属性。

如果联邦快递当时聘用了一个坚持"缩减成本，大规模生产"的专家来担任企业 CEO，那么今天的联邦快递会是什么样呢？

也许和克莱斯勒是同样的处境吧。

让我们把这块丝绒幕帘收起来，让我们的管理派了解营销派，也让营销派了解管理派。

第1章

管理派注重事实
Management deals in reality
营销派注重认知
Marketing deals in perception

赫尔曼·米勒家具公司（Herman Miller）的前任CEO马克斯·德普利（Max Depree）说："作为一个领导者，其首要责任就是界定现实。"

管理派注重的是事实和数据，这是左脑分析型思维解决问题的方法，目标是"要弄清情况的真相"。简要来说，管理注重现实。

营销派几乎只关注认知。对营销派来说，重要的不是那些"事实"，而是消费者心智中那些与现实可能相符也可能不符的认知。

认知是很难衡量的，因此营销派通常用右脑直觉和全局性的思维来思考。

管理派当然明白认知的重要性，问题在于他们认为认知是现实的反映。只要改变了现实，你就会改变认知。

营销派不同意这样的观点。改变现实并不难，但是要改变认知几乎是世界上最困难的工作。

"这是我们迄今为止最确定的行动"

这是一位执行官在推出一个可能成就也可能毁灭公司的新产品时所说的话。

这位执行官就是可口可乐公司的前任CEO罗伯托·郭思达（Roberto Goizueta），他对"新可乐"（New Coke）的成功胸有成竹。

怎么会错呢？这家公司对2 500名左右的消费者进行了口味品尝测试，证明新可乐的口感要好于原有的产品。

新可乐是一个新的改良后的产品，更好的产品不就能赢得市场吗？

美国企业的董事会里对这个问题的普遍回答都是："当然是这样的，更好的产品就会胜出。这也是我们花费几百万美元与竞争对手抗衡的原因。除非我们能研发出具有明显优势的产品，否则我们不会轻易推出新产品。"

这就是在左脑思维的管理派中的现实，也是当今美国绝大多数新超市和药房产品不景气的原因。

"我迄今为止最好的想法"

这是百胜集团（Yum! Brands）现任 CEO 大卫·诺瓦克（David Novak）对"水晶百事"（Crystal Pepsi）的评价。然后，他立刻又加了一句："也是最糟糕的执行。"

"水晶百事是超越它所在年代的一个概念，是一个伟大的想法。"诺瓦克先生说。

水晶百事的失败并没有打击他对自己预测未来的信心，"我们如果把它定位得更加清晰一些，像人们建议的那样，让它的口味更像百事可乐，水晶百事会是一次本垒打"。

1992 年，水晶百事在超市大规模上架。那一年正是"无色时尚"大行其道的一年。

那一年也被称为"米勒无色"年。在推出这个产品时，一位品牌经理说："如果你闭上眼睛，你会觉得你喝的就是普通啤酒。"

一位出席媒体发布会的编辑回应说："只有在我闭上眼睛的时候，我才觉得是在喝普通啤酒吗？"

无色啤酒、无色可乐、无色牙膏、无色漱口水、无色餐具洗涤剂、无色窗户清洗剂、无色除臭剂、无色止汗剂、无色化妆品、无色汽油和其他几十种无色产品涌入市场，这些无色产品中没有一个留下了深远的影响。

确实如此，米勒无色啤酒只有在你闭上眼睛时喝起来才感觉像啤酒；你睁着眼睛时，它喝起来就像是兑过水的啤酒。认知总是胜过现实。

这些糟糕的想法之所以能长期存在于管理派中间，是因为战略和执行之间的脱节。那些凭空设想出坏点子的CEO总是把责任归咎于执行方。

"这是我迄今为止最好的想法，也是最糟糕的执行。"很多管理人士、很多政治家、很多电影制片人都可以这么说，他们也确实这么说。

讽刺的是，可乐的"红色"只是在装瓶前才染色的。没关系。消费者心智中对于可乐的认知就是它必须是红棕色的。你与这个认知抵触就是在冒险。

水晶百事像一个本垒打一样出色吗？它尝起来可以很像普通的百事可乐，但仍然会出局。这就是营销的看法。

"近期出售的最引人注目的豪华汽车"

2003年，大众汽车（Volkswagen）推出的辉腾（Phaeton）豪华汽车系列是董事会主席费迪南德·皮希（Ferdinand Piech）长期酝酿的一个项目，并且得到了广泛的好评。

"它也许是近期出售的最引人注目的豪华汽车，"《商业2.0》杂志（Business 2.0）报道说，"它以明显的优势成为高端豪华汽车中最具价值的一款，毫无疑问，它是一辆杰出的汽车。"

大众最近发表声明撤回美国市场上所有辉腾系列。一点也不令人惊讶。从它2003年11月推向市场以来，大众在美国只售出了3 354辆辉腾汽车。

为什么一个以生产小型、相对低价汽车的大众公司要推出售价为68 655美元的V-8系列和售价升至100 255美元的V-12系列的辉腾汽车？

是"现实"在作祟。随着低端市场被日本和韩国品牌（丰田、本田、日产、马自达、现代、起亚和其他品牌）逐渐占据，大众公司的管理派觉得他们必须要转向更高一级的市场。

另外，低成本的中国品牌也平稳地进入美国市场。在低端市场中面临的这些竞争，让大众公司认为应该进入更大、更贵以及可能获利更多的汽车市场。这是左脑的逻辑思维。

因此辉腾不仅可以在高端市场占领一席之地，而且它的成功也会为大众其他生产线增辉。

我们能想象董事会里的情形。成熟的男人们，在汽车行业有着几十年的经验，围绕着会议桌坐成一圈，决定推出价格高达6位数的大众汽车。

（我们不知道有没有右脑思维的营销派认为这是个好主意。）

《福布斯》杂志（Forbes）称辉腾为"一辆伟大的汽车"。《今日美国》（USA Today）给出了热情的评价："款式很漂亮，内部装饰是品位和高档的范本，舒适性超乎想象，驾驭感极棒，动力也正好。"

"公司不能放弃这个产品，"《商业2.0》总结说，"只有两个小小的错误——大众的标志不应该出现在车头和车尾。"

这是认知在起作用了。

沃尔玛爬上时尚的台阶

在大众汽车发生的事也同样发生在沃尔玛。其管理层认为"我们正在获得一个只卖便宜商品的名声"。

沃尔玛做了什么？"我们可以升到高消费层。"左脑思维的管理派这么想着。于是他们聘用了塔吉特（Target）的一名高级执行官员，在曼哈顿第五大道的时尚区开了一间办公室，在纽约办了一场时尚秀，在Vogue杂志上刊出了8个页面的广告，并且开始出售售价9 988美元的钻石戒指（这样，辉腾的老板就有理由在沃尔玛开一个专营店了）。

没有一项是奏效的。"沃尔玛的时尚失言了，"《华尔街日报》（Wall Street Journal）的记者报道说，"打折处理也未能挽回失败的局面，过道里堆满了未出售的衣服，给盈利造成了很大的压力。"

最高领导人眼睁睁地看着折扣连锁店进入时尚服装和家庭装饰领域的悲惨命运之后引咎辞职了。

最近，沃尔玛发表声明要改变标识。原来的"WAL-MART"如今要变成"Walmart"，附带有一颗黄色的星星。如果新款服装无法改变人们对沃尔玛这个品牌的认知，那么或许新的标识可以做到。

这只是管理派单方面的愿望。当一个品牌已经有一个像沃尔玛一样长的历史，并且获得了像沃尔玛一样的知名度时，对于这个品牌的认知是无法改变的。顾客只会把新的标识和原来的认知联系起来。

管理派用理智、切合实际的方法处理所有的情况，他们的关注点永远都在产品上，"如果我们有更好的产品，用更低的价格出售，我们就能赢得营销战"。

营销派从潜在顾客的观点出发来处理所有的情况，他们的关注点在认知上，"我们如何通过品牌的认知优势来提升销售？"

"众所周知"问题

这让营销变得更为困难了，例如，你问一个来买汽车的顾客，日本汽车和美国汽车有什么不同。他可能会说："人人都知道日本汽车比美国汽车好。"

这些顾客可能都没有使用过美国汽车，但是他们仍然坚信日本的汽车更好。甚至那些驾驶过美国汽车和日本汽车的消费者，他们也会坚持自己最初的认知。

如果日本汽车出现问题，车主会想："好吧，这只是很少会发生的情况。"如果一辆美国汽车出现问题，车主会想："好吧，这车又不是日本制造的。"

认知又赢了，但左脑思维的管理派不是这么想的。

第 2 章

管理派关注产品
Management concentrates on the product
营销派关注品牌
Marketing concentrates on the brand

1989年，通用汽车以 1 270 亿美元的销售额成为世界上最大的公司，它比其他公司多出 42 亿美元的利润和 1 730 亿美元的资产。

但之后情况就不妙了。到了 1992 年，仅在过去的三年时间里通用汽车就亏损了 235 亿美元。

如今，通用汽车集团股市总值只有 55 亿美元，而丰田则是它的 28 倍多（1 542 亿美元）。

通用汽车到底发生了什么事？根据管理专家的观点、汽车行业的分析和交易评论，问题显而易见：通用公司未能生产出人们想要购买的汽车。

"产品、产品、还是产品"

这是被誉为行业圣经的《汽车新闻周刊》（Automotive News）最近的专栏标题。

专栏中这样写道："有许多例子说明伟大的产品能够改变一家汽车公司的未来。也有许多例子表明产品也会导致公司缓慢而安静地死亡。正是产品致使公司市场份额的不断减少。"

"这再次证明了在汽车行业，没有什么比产品更重要。"出版商这样总结。

没有什么比产品更重要？这是典型的左脑管理思维。

听起来是如此符合逻辑，谁会去反驳呢？

当你站在一个汽车购买者的角度上，"更好的产品"逻辑就分崩离析了。

你可以到福特、雪佛兰、道奇、丰田、本田和日产的展厅去走走比较一下它们的产品。比较什么呢？

即使汽车行业的专家也很难指出明显的质量差异。

当然，明显的差异还是存在的，但不是在产品中，而是在购买者的心智中。

- 如果潜在顾客想要购买便宜的汽车，他们会考虑现代（Hyundai）或起亚（Kia）。
- 外形美观的车选什么？丰田。
- 运动型汽车选什么？吉普。
- 能带来驾驭乐趣的汽车选什么？宝马。
- 更加安全的车选什么？沃尔沃（Volvo）。
- 豪华日本汽车选什么？雷克萨斯（Lexus）。
- 享有声望的汽车是什么？梅赛德斯－奔驰。
- 跑车选什么？保时捷。

在成功和不成功的汽车上是不是有很多质量上的差异呢？可能有吧，但由谁来判定？顾客无法判定，也往往不会关心《消费者报告》（Consumer Reports）上汽车的排名。

以梅赛德斯－奔驰为例

在美国市场，奔驰已经保持14年销量的持续增长——从1993年的61 899辆汽车到2007年的253 277辆，实现了309个百分点的增长。

尽管这些增长背后有一些关于品牌可信度的负面媒体消息。

> 工程质量的标杆倒下了
> 多项调查中，梅赛德斯的质量排名几年来有所下滑。
> ——《华尔街日报》，2002年2月4日刊

> 梅赛德斯在质量调查中的问题曝光
> ——《商业周刊》（BusinessWeek），2003年7月21日刊

> 梅赛德斯走上坎坷路
>
> 车主的抱怨在增加，转手的身价在下跌。
>
> ——《财富》(Fortune)，2003 年 10 月 27 日刊

有何关系？就算梅赛德斯-奔驰不是一个更好的汽车产品，它还是一个更好的汽车品牌。

时代巨变

1989 年，通用汽车成为汽车王国的王者，凯迪拉克（Cadillac）的销量是奔驰的 3.5 倍（266 899 辆 vs.76 152 辆）。

2007 年，奔驰的销售超过了凯迪拉克（253 277 辆 vs.214 726 辆），更值得注意的是，奔驰比凯迪拉克的售价更高。

还记得凯迪拉克曾经意味着什么吗？还记得曾经"汽车中的凯迪拉克"被借用赞美很多其他品类中的品牌吗？

如今已不再是了。凯迪拉克成为又一个被竞争对手以卓越的策略超越的汽车品牌。

毫无疑问，通用汽车正处在窘境中：2005 年，通用汽车亏损 106 亿美元；2006 年，亏损 20 亿美元；2007 年，亏损 387 亿美元。

福特也有麻烦了。在过去三年里，它亏损了 139 亿美元。

管理派将之归咎于美国汽车行业高昂的医疗保健和退休福利的问题，但请看戴姆勒公司（Daimler AG）。

德国是世界上成本最高的制造型国家。根据毕马威会计师事务所（KPMG）最近的一项调查显示，制造同样的东西，在德国的成本费用比在美国高出 17%。此外，戴姆勒公司不得不支付那些跨越北大西洋的奔驰汽车及零部件的运费。

尽管其成本高，另外还承担弥补克莱斯勒亏损的费用，戴姆勒在过去三年里仍然获得了 135 亿美元的净利润。

梅赛德斯只是一个比凯迪拉克更好的品牌。

更好的产品 vs. 更好的品牌

几乎就其定义而言，更好的产品基本上与其竞争对手相似，只是在一些可以衡量的方面"更好"。可口可乐和百事可乐很相似，只有在口味测试中才证明百事可乐的口味优于可口可乐。

这并无影响。可口可乐在美国市场的销量比百事可乐多 50%（这导致海外的销售更好）。

可口可乐只是比百事可乐更好的品牌。

为什么？可口可乐是在消费者心智上形成认知最早的可乐品牌。因此，它被认知为"真正的可乐"，原创的、权威的可乐。

不是做得"更好"就能建立一个比竞争对手更好的品牌，你只要做得与竞争对手"不同"就能建立更好的品牌。

当梅赛德斯－奔驰进入美国市场时，它的价格比凯迪拉克高出很多。高价位形成了梅赛德斯品牌比凯迪拉克更好的认知。

换言之，它是独一无二的。

（梅赛德斯－奔驰在长期的广告主题中很好地突出了这一点：发动它，就像世界上没有其他汽车一样。）

由于它的高价位，梅赛德斯－奔驰的销量上升缓慢。下面是奔驰车每 10 年的年销售情况。

- 1954 年：1 000 辆（进口到美国市场的数量，当年并未售完）
- 1964 年：11 234 辆

- 1974年：38 826辆
- 1984年：79 222辆
- 1994年：73 002辆

在进入美国市场的40年后，奔驰的年销量仍然低于雪佛兰的月销量。难怪通用汽车毫不担忧。

但是奔驰这一路以来所建立的品牌却会带来巨大的收益。

绝对伏特加（Absolut）在伏特加品类中做了和奔驰在汽车品类中一样的事。通过比销量最好的斯米诺伏特加（Smirnoff）定价高出50%，绝对伏特加创造了一个"高端"伏特加的新类别。

绝对伏特加对斯米诺做的，灰雁也搬到了绝对伏特加身上。定价比绝对伏特加高出60%，灰雁成为知名的"超高端"伏特加。7年后，企业家西德尼·弗兰克（Sidncy Frank）将灰雁以20亿美元出售给百加得公司（Bacardi Ltd.）。

绝对伏特加的瑞典制造公司Vin & Sprit最近将其以89亿美元出售给法国保乐力加公司（Pernod Richard）。对法律规定必须是"无色、无臭、无味"的酒来说，这并不是什么坏事。

把营销思维提升到公司管理层面

将管理从营销中隔离出来的丝绒幕帘使得营销思维无法提升到公司的管理层面。

随着梅赛德斯-奔驰品牌在全世界取得的巨大成功，你可能认为德国的管理层会明白品牌比产品更重要。将品牌信息传达出去最重要的方式之一就是确保产品的定价准确。

并非如你所愿。根据美国《汽车新闻周刊》的报道，戴姆勒公司负责梅赛德斯的董事会成员说："并不是价格彰显了奔驰品牌的价值，而是质量和技术。"

质量和技术？

这明显是为欧洲推出相对便宜的A级梅赛德斯找的理由。在美国，奔驰一直在推广它的低端C级系列。它在广告里这么说："制造得像奔驰车，表现也像奔驰车，价格就像普通汽车。"

普通汽车的定价就要像普通汽车，豪华汽车定价就要像豪华汽车。这是梅赛德斯管理层忽略的营销规则。

当你拥有一个像梅赛德斯一样强大的品牌时，你可以在犯了很多错误之后仍然保持优势。想想通用、福特和戴姆勒公司。

最近一年，通用汽车和福特汽车全球销量达到1 470万辆，超过戴姆勒公司（470万辆）的3倍之多。然而在股市上，戴姆勒的市值达到275亿美元，是通用汽车公司（18亿美元）和福特（44亿美元）总和的4倍以上。

凯迪拉克应怎么做？它本该回到高端与梅赛德斯抗衡。相反，它降低到了与西马龙（Cimarron）、凯特拉（Catera）一个层次。

你不是依靠制造更好的产品来赚钱，而是依靠建立更好的品牌来盈利。

你好，奥迪

没有一个汽车品牌像大众-奥迪一样推出了这么多先进的技术特点。奥迪的一些创新包括全轮驱动、燃油直喷、TT跑车和敞篷车的先进设计、A8的12缸发动机与铝身。

董事会主席马丁·温特科恩（Martin Winterkorn）称他们的目标就是："到2010年，奥迪要成为全世界领先的高端品牌。"

在2007年，奥迪美国区的执行副总裁约翰·德·纳斯申（Johan de

Nysschen）表示，他希望在美国市场把奥迪变成一个高雅、尖端、豪华的品牌，因为它的长期销售目标是到2015年达到20万辆。

为实现这一目标，奥迪推出了售价11万美元、拥有420马力、立体框架的R8跑车，售价82 675美元、420马力的遥感敞篷车和售价51 275美元、拥有354马力的S5跑车。根据奥迪美国区的副执行主管马克·特拉汉（Marc Trahan）所言，这些跑车"有助于进一步强化和阐述奥迪的全部意义所在"。

在我们看来，奥迪到2010年不会成为全球领先的高端品牌，到2015年奥迪在美国的销量也不会达到20万辆。奥迪在美国市场已经销售了34年，但它的年销售量从未超过10万辆。在2007年，只卖出了93 506辆，比铃木（Suzuki）101 884辆的销量还低。

在汽车行业，重要的是品牌，而不是产品。奥迪是一个弱势品牌的原因有两个：①不像奔驰，奥迪在美国市场不是第一个"昂贵"的汽车品牌；②奥迪这个名字，至少在美国，其糟糕程度等同于铃木。

谈到名字，管理派的耳朵就不太好使了。奥迪？铃木？这些名字不像"奔驰"般具有诗意。

再见了，五十铃

"乔·五十铃"广告（Lying Joe）曾经和布兰妮（Britney）、林赛（Lindsay）或巴黎一样有名。在《广告时代》"20世纪最好的广告"排名中，"乔·五十铃"广告排名第83，其后是宝马的"终极驾驶机器"广告。

撇开它的名声地位，五十铃已经退出美国市场。它的销售持续低迷，2007年，五十铃在美国仅售出7 098辆。

五十铃出了什么问题？根据一份报告称"它的死亡原因是：缺乏创新、误判市场和营销上的投资空白"。

五十铃的这个名字如何？每当一个有着糟糕名字的品牌遭遇失败时，管理层似乎很少将责任归咎于名字，他们总是认为产品有问题。

"我开宝马。"你可以这样对朋友和邻居炫耀。"我开的是五十铃。"这表明你目前的生活状况不怎么样。

五十铃这样的名字让你无法多做表述。消费者无法拼写，也无法发音（五十铃的英文名是 Isuzu，发音类似"e-suzu"，而不是"i-suzu"）。

五十铃并不是第一个因糟糕的名字而退出美国市场的进口车。标致（Peugeot）在 1991 年退出，尤格（Yugo）退于 1992 年，大发（Daihatsu）退于 1993 年，大宇（Daewoo）退于 2002 年。

五十铃、大宇、大发、尤格和标致，这些名字有什么共同点？对那些以英语为母语的人来说，这些名字读起来不顺口，听起来也很怪。

[仍然有一些品牌以怪怪的名字努力在美国汽车市场要占有一席之地，如铃木（Suzuki）、斯巴鲁（Subaru）、三菱（Mitsubishi）和起亚。]

当你得知五十铃在 2007 年仅卖出了 650 734 辆时，你是否感到惊讶？五十铃汽车有限公司是世界上第 18 大汽车制造商。

五十铃公司只是没有在美国这个世界上最大的汽车市场卖出很多辆车，但在很多非英语国家却有不小的销量。

名字是市场营销的基础。你不能用一个不合适的名字建立品牌，这就像在沙子上盖房子。

当前销售 vs. 当前认知

仅仅因为一家公司销售了数百万美元的产品也不能使公司（或者品牌）强大。从长远来看，企业最重要的不是销售额而是消费者的认知。

许多公司当前的销售额都很可观，但顾客对它们的认知几乎为零。认知上的弱势最终将削弱公司的销售和经济优势。

以美国市场的两个汽车领导品牌雪佛兰和福特为例。这两个品牌每年卖出的汽车和卡车都上百万辆，但它们都是弱势品牌，为什么呢？原因有三：

（1）人们在高速公路上看到雪佛兰和福特的数量比其他品牌都多得多。开雪佛兰和福特的人决定买它们的时候，首先想到的是：我也可以买另一辆跟它差不多的车。为什么呢？也许是希望得到更多的贴换金，也有可能因为他跟那辆车的销售人员关系很好，或者是那种车的经销商离得更近。

（2）雪佛兰和福特有更多的经销商。雪佛兰有3 976个经销商，福特有3 602个经销商，而丰田只有1 228个经销商。这样，丰田经销商的平均销售额比雪佛兰的三倍还多，就不足为奇了。

（3）雪佛兰和福特的经销商能拿到更多的回扣。在最近一个月，通用汽车的经销商平均每卖出一辆车可得到3 858美元的奖励，福特为3 410美元，而所有的日本生产商给的奖励总共才每辆车929美元。

数年前，通用汽车公司聘请罗伯特·鲁兹（Robert Lutz，克莱斯勒和福特的前任执行官）改进通用汽车的设计和性能，他确实做到了。土星Aura、迈锐宝（Malibu）、庞蒂亚克Solstice、土星Sky、凯迪拉克CTS和其他新款的通用车型大受业内好评。

问题不在于汽车本身，而在于通用的品牌建设。

当年通用占据整整半个美国汽车市场，彼时它的品牌策略很有竞争力。雪佛兰是通用推出的入门级车型，往上是庞蒂亚克（Pontiac）、奥兹莫比尔（Oldsmobile）、别克（Buick）和凯迪拉克（Cadillac）。

今天，除了凯迪拉克，通用的品牌建设阶梯已经消失无踪。通用对雪佛兰、庞蒂亚克和别克做出的改革实际是走上了一条不归路，最后这三个品牌基本上变得一模一样，内部自相残杀。

[几年前，庞蒂亚克是汽车中的百事可乐，聚焦于年轻一代的品牌。你

自然会以为，通用汽车推出的面向年轻人的赛车考维特（Corvette）应该是庞蒂亚克的子品牌，而不是雪佛兰的。]

现在通用的"入门级"汽车是什么？土星还是雪佛兰？答案是两者都是。这可不是一个好的营销战略。

几年前，我应邀造访通用汽车的别克公司，参观设计工作室的时候问："他们在做什么？"

有人回答说："他们在设计入门级别克。"

我说："你们的入门级别克是雪佛兰。"

"更好产品"策略是无用功

看看微软的 Windows 操作系统，占了全世界个人计算机操作系统市场的 94%。那么第二品牌如何呢？苹果的麦金塔（Macintosh）系统，能与微软抗衡吗？

通过建立更好的操作系统与之对抗吗？麦金塔已经是更好的操作系统了。美国最著名的技术专家[《华尔街日报》的沃尔特·莫斯博格（Walter Mossberg）]说："苹果有比微软更好的硬件、更好的操作系统和更好的捆绑软件。"

尽管有更好的硬件、更好的操作系统和更好的捆绑软件，苹果仍然只拥有 4% 的市场份额。

你怎么和亨氏（Heinz）调味番茄酱竞争？通过制造出味道更好的番茄酱吗？

你怎么和塔巴斯科（Tabasco）辣椒酱竞争？通过制造出味道更好的辣椒酱吗？

并不是一个更好的产品或服务就能让品牌变得强大，而是品牌的市场份额，像麦当劳、星巴克、劳力士和许多其他的强大品牌，因为它们主导自己的细分市场。

麦当劳的汉堡比汉堡王（Burger King）更好吗？（我们为汉堡王提供咨询服务时，调查结果可不是这样的。）

星巴克的咖啡比麦当劳咖啡站的咖啡更好吗？

劳力士就比其他众多奢侈手表制造商做出更好的手表了吗？

也许是，也许不是。在保持成功的领先品牌中，产品质量差异是很小的一个因素。随着时间的推移，同一品类中的大多数品牌变得相似。消费者能发现的差异是由品牌本身创造的。

认知引导着事实。星巴克的味道更好是因为消费者认为星巴克更好。

市场份额越大，品牌的主导性越强，品牌对消费者的事实认知影响力就越大。

消费者认为所有的方糖都差不多，因为还没有一个品牌主导方糖这个品类。

消费者不会觉得所有的番茄酱都差不多，因为有亨氏的番茄酱主导了这个品类。（消费者会想："亨氏应该更好，因为它是领先品牌。"）

品牌市场份额每增长一个百分点都会带来两个好处：一是会增加品牌在消费者心智上的力量；二是会削弱竞争品牌的力量。

左脑思维的管理派想生产一个更好的产品，右脑思维的营销派想建立一个更有主导力的品牌。

第 3 章

管理派拥有品牌
Management wants to own the brand
营销派拥有品类
Marketing wants to own the category

我们认定管理派致力于生产更好的产品，但他们也不会忽略品牌，恰恰相反，他们会站在品牌营销的潮流上开始宣扬品牌所拥有的理念。

《商业周刊》上阅读量最大的是全球前100位品牌的年度报告和品牌评估价值。

最常列居首位的是可口可乐，2008年它的价值达到了667亿美元。第二位的是IBM，价值达590亿美元。第三位的是微软，同样价值590亿美元。

这些数字能吸引管理派的注意。毫无疑问，很多执行官员把公司的潜能和品牌的价值等同起来。

品牌只是冰山一角

品类就是这座冰山。冰山的大小和深度决定了品牌的价值。

人们很容易把品类和品牌混淆起来。餐厅的服务生问："想喝什么？"顾客会想："我是要喝啤酒、鸡尾酒、红酒还是软饮料？"

想了一会儿，顾客也许会说："我要一杯可口可乐。"

品类用品牌来表述，但是顾客的第一决定是对品类的选择，品牌是其后的选项。

消费者用品类来思考，再用品牌来表达品类的选择。看起来品牌成为支配性的决定，但其实不是。

品类和品牌是联系在一起的，如果品类这座冰山融化了，品牌也就消亡了。这就是为什么右脑思维的营销派最关注品类，其次是品牌。

例如柯达，1999年，英国的国际品牌集团（Interbrand）把柯达列为全球第16位最具价值的品牌，价值148亿美元。

之后每一年，柯达的排名和价值都在下降。到了2007年，国际品牌集团把柯达位列第28，价值只有39亿美元（到了2008年，柯达已经榜上无名）。

在此 8 年中，柯达所在的这个品类冰山已经融化了 74%。

柯达是什么

它是最好的摄影胶片品牌。柯达的不幸在于，这个行业已经转向数码摄影了。

几年前，我们与柯达的执行官讨论这一情况。数码摄影取代胶片摄影已经不是什么秘密了。我们建议柯达推出一个新品牌。

"不必了。"执行官答复说。柯达所代表的不仅仅是胶片，它代表"信任"。

消费者相信柯达是摄影胶片，为什么他们不相信柯达也可以是数码摄影呢？这对左脑思维者来说是合情合理的。

营销无关乎"情理"。柯达是摄影胶片这个品类冰山的一角。迄今包括柯达在内，还没有哪个品牌占据数码摄影这座品类冰山的顶峰。

事实上，所有的数码相机品牌（索尼、尼康、奥林巴斯、宾得、卡西欧、三星、松下等）都是其他品类的生产线延伸品牌。

[一个叫富士控股公司（Fujifilm Holdings）公司推出富士品牌的数码相机是有些不妥的。]⊖

没有人在用品类思考。大家都想着品牌，"如何利用我们现有的知名品牌去占据冰山一角？"。

伊士曼·柯达公司已经毁在它品牌导向的战略上了。在 20 世纪的最后 7 年（1994～2000 年），公司的销售额是 1 041 亿美元，税后净利润额为 73 亿美元，也就是说，只有 7% 的净利润。

⊖ 富士的英文名中包含"胶片"（film）这个单词，容易让人将品牌与"胶片"联系起来，而不是数码。——译者注

在21世纪的头7年，伊士曼·柯达公司的销售额是907亿美元，净利润只有3.8亿美元，也就是0.4%的净利润（股市也对柯达这一品牌失去了信心）。

关于柯达这一情况，令人不解的是柯达公司早在1976年就发明了数码相机。如果柯达早前能给它的新发明一个新的品牌名，它会是大赢家。

主导一个品类

这才是一项营销策划真正的目标。一个无法主导品类的品牌通常是一个弱势品牌。

红牛主导了能量饮料的品类，星巴克主导了高端咖啡店品类，谷歌主导了搜索引擎品类，美体小铺（The Body Shop）主导了自然化妆品品类，全食超市（Whole Foods）主导了有机食品品类，黑莓（BlackBerry）主导了无线电子邮件品类。

感到惊讶吗？这些近期成功的品牌都是由企业家创造的，而不是既有的公司始创的。

没什么好惊讶的。大公司都在忙着为它们的品牌增光添彩，而企业家则是在寻找主导品类的出路。大公司用品牌思考，企业家用品类思考。

品牌很重要，但只有在能代表一个品类时才有价值。根据国际品牌集团的数据，世界上最具价值的品牌是可口可乐，但是它的品牌价值已经开始下跌，在1999年时它的价值达到838亿美元，而今天只值667亿美元了。

为什么可口可乐的品牌价值下跌了？

因为可乐这座品类冰山在融化。自千禧年开始，美国每年的汽水软饮料消费量比上一年下跌一两个百分点。尽管可口可乐公司每年要花费超过3亿美元用于广告投放，也仍无法阻止销量的缩减。

品类会消亡，品牌也会

1993年，国际品牌集团把万宝路（Marlboro）列为全球最具价值品牌之一，价值470亿美元。到了2008年，这个品牌的价值只有210亿美元。

随着香烟这座冰山的融化，万宝路这个品牌也总有一天会变得毫无价值（或许尼古丁口味的口香糖品类会让这个品牌值几个钱）。

随着小型计算机品类的消亡，数字设备（Digital Equipment）这个品牌也消亡了。随着文字处理器品类的消亡，王安（Wang）这个品牌也消亡了。随着即时成像品类的消亡，宝丽来（Polaroid）这个品牌也消亡了。

很多左脑思维的执行官都是品牌导向的，他们的第一个想法就是"如何拯救我的品牌"。

于是数字设备公司（DEC）推出了一系列个人电脑并用了数字设备这个名字。王安推出了一系列个人电脑，也沿用了王安这个名字。

宝丽来推出了大量的新产品，包括传统相机和胶片、打印机、扫描仪、医学成像系统、安全系统、视频磁带等。当然，这些产品都用了宝丽来的名字。

一切都是徒劳的。宝丽来在2001年宣布破产，经过一系列复杂的手续最终在2005年交托给美国派特斯集团（Petters Group）处理。

那一年，当宝丽来的新任董事长被问及宝丽来在2010年会是怎样时，他回答说："宝丽来会以它优质高价的炫酷产品闻名，成为电子消费品的领导者。"

在消费者的心智海洋里，并没有一座叫作"优质高价的炫酷产品"的冰山，可以预见的是，宝丽来的第二次转世也不会比第一次更成功。

两种冰山

第一种冰山窄而深,第二种冰山则宽而浅。可能第二种品类冰山能提供更大的销售潜能,而第一种冰山则提供更大的利润潜能和品牌稳定性。

(就像一艘船,龙骨越深就越稳定。)

窄而深的品牌不会轻易被对手击败,此外,它们通常能带来更大的收益。想想奢侈手表品类中的劳力士。

有很多品牌都符合这一特征。

- 好乐门(Hellmann's)蛋黄酱
- 塔巴斯科(Tabasco)辣椒沙司
- 绅士(Planters')花生酱
- WD-40 润滑剂
- 邦迪(Band-Aid)创可贴
- Q-tips 棉花棒
- 高乐氏(Clorox)漂白剂
- 宜家(Ikea)未装合家具

当一座冰山开始融化时,左脑思维者就会试图拯救品牌,这虽然符合逻辑,但并不是好策略,最好看看四周有没有刚形成的新冰山。

然后推出一个新品牌去主导这座新冰山,这是右脑思维者会去做的事。

第 4 章

管理派要求更好的产品
Management demands better products
营销派要求不同的产品
Marketing demands different products

在营销会议上很少听到"六西格玛"（Six Sigma）和标杆管理（benchmarking）这两个词。①但是这些词汇在左脑思维的管理派中间是非常流行的。

谁会反对用"标杆管理"方法来管理你的产品以应对竞争对手？谁会反对实践"六西格玛"方法以提升产品质量，减少瑕疵，在百万次生产或服务过程中才出现平均3.4个错误？

管理派想要用更高的效率和更低的成本生产更好的产品。这并没错，但是这不是公司占据市场领先地位的方法。

领先者做了什么

戴尔（Dell）并没有因产品比 IBM 的好而成为个人电脑销售的领先品牌。戴尔成为个人电脑销售的领先品牌是因为它的与众不同，戴尔通过用直销取代零售的方式出售个人电脑。

亚马逊（Amazon）并没有因为比邦诺书店（Barnes & Noble）更好而成为书籍销售的领先者，而是因为它的与众不同，亚马逊通过用网络销售图书取代了零售书店。

恩特租车公司（Enterprise）并没有因为提供比赫兹（Hertz）更好的服务而成为汽车租赁的领先者，而是因为它的不同。恩特提供郊区租车服务，而不是机场中转站。

同时，安飞士（Avis）一心想要超越赫兹。"我们工作更卖力"是它们的策略，但是公司从未缩短与赫兹的差距。

"我们工作更卖力"是全世界不同国家很多企业的管理格言。成千上万的失败者都在用"更好的产品"或"更好的服务"战略，试图超越现有的

---

① 六西格玛"和"标杆管理"都是企业质量管理的方法。——译者注

领先者。

"更好"从来都不会奏效，想想这5场经典的营销战：

- 汉堡王（BurgerKing）vs. 麦当劳
- 劲量（Energizer）vs. 金霸王（Duracell）
- 百事可乐 vs. 可口可乐
- 《新闻周刊》（Newsweek）vs.《时代周刊》（Times）
- 万事达（MasterCard）vs. 维萨（Visa）

在商业界的历史中，几乎没有一个第二品牌的公司能因为"更好"而超越同类市场的领先者。汉堡王、劲量、百事可乐、《新闻周刊》、万事达卡和很多其他公司都注定在第二名的位置上挣扎，除非它们能改变战略。

领先者不会轻易丧失领导力

在一次针对25个不同消费品品类的研究中，我们发现1923年这些品类中的领先品牌到今天只有5个品牌失去了它的领先地位。

这5个品牌中的4个并不是输给了更好的产品。

永备电池（Eveready）并没有把家用电器电池的领先地位输给一个更好的碳锌电池品牌，而是输给了另一个不同的产品，即金霸王碱性电池。

家乐氏（Kellogg's）并没有把谷类食物的领先地位输给一个更好的玉米片品牌，而是输给另一个不同的产品，即形状独特的"欢乐"牌（Cheerios）燕麦片。

"象牙肥皂"（Ivory）并没有把洗脸皂的领先地位输给一个用百分百纯净取代99.44%纯净的产品，而是输给了含有1/4洁面乳成分的多芬（Dove）。

棕榄（Palmolive）并没有把沐浴皂的领先地位输给一个同类产品，而是输给了第一款除体臭肥皂黛亚（Dial）。

剩下的这个失败者，曼哈顿（Manhattan）衬衣的遭遇就不同了。在时尚品类中，领先品牌最终都会丧失其领先地位。时尚的要素就是搜寻"新颖而不同"，包括新颖而不同的品牌。

视频游戏机的战争

有三家公司卷入了这场战争：索尼、微软和任天堂（Nintendo）。

索尼的PS3（PlayStation 3）和微软的Xbox 360都是"更好的产品"策略的产物。与早前的视频游戏控制台相比，PS3和Xbox 360运行得更快更强大，包含更多的性能（索尼的PS3能读取蓝光高清光盘）。

任天堂则不同，Wii可能不及它的两个对手强大，但是它的无限运动感应控制器能让游戏者通过弯腰或摆手将动作在屏幕上表现出来，游戏者不再是坐着动动手指而已。

Wii在市场上已经打赢了这场战争。在2008的下半年，任天堂共售出520万台Wii游戏控制台，几乎是PS3和Xbox销量总和的两倍。

Wii在媒体上也赢得了这场战争。

"任天堂的Wii，散发着欢乐，光芒盖过了索尼。"——《纽约时报》

"我们发现价格更为适中的Wii更加令人激动、更有趣，折服了两种新游戏机。"——沃尔特·莫斯博格（Walter Mossberg,《华尔街日报》知名专栏作家）

"游戏玩家：Wii打败了PS3。"——《今日美国》

如果你想击败一个既有的领先者，就和它做得不同。在《天空》杂志

（*Sky*）中，史蒂文·肯特（Steven Kent）写道："Wii 之于 Xbox 360 和 PS3 就如摩托车之于汽车。"

一位索尼发言人最终也说了同样的话：Wii 与更强大的 PS3 不属于同一个品类（不错。说得对，索尼。）。

便携式视频游戏机的战争

这将成为任天堂又一次用"不同"战略赢得大胜利的一仗。1989 年这家公司推出了第一款便携式视频游戏机"游戏男孩"（Game Boy）。推出以来，任天堂就主导了便携式游戏机这个品类，销量超过 7 000 万台。

几年前，索尼用 PSP（便携式游戏站，PlayStation Portable）进行了反击，又一个"更好"策略。存储量更大、功能更多的 PSP 可以播放通用介质盘（Universal Media Disk）里的电影和音乐。

索尼对 PSP 寄予了很高的期望。索尼计算机部的 CEO 把这款新机器称为"21 世纪的随身听"。

任天堂则不同，它没有推出一个存储量更大、功能更多的"游戏男孩"，而是推出了一款双屏便携式视频游戏机 DS：一个屏幕是传统的 LCD，另一个是支持一种新游戏的可触屏。

任天堂 DS 的销量远远超过了索尼的 PSP。在日本，任天堂 DS 的销量达到了 2.26 亿台，而索尼 PSP 的销量只有 930 万台。

品类的市场

想要购买奢侈手表的顾客会去购买劳力士，想要购买大存储量 MP3 的顾客会去购买 iPod，想要购买日本豪华汽车的顾客会去购买雷克萨斯。

也就是说，一个强大的品牌会主导自己的品类：Silk 主导豆奶品类，Netflix 主导邮寄 DVD 租赁，eBay 主导网络拍卖品类，亚马逊主导在线书店品类。

创造一个新品类，创建这个品类的品牌，你的品牌就会被认知为这个品类的创造者和领先者（同时也是这个品类的主导者）。这是右脑思维的营销策略。

然而要创造一个新品类，你必须去发掘"不同"而不是"更好"。百事可乐的口味比可口可乐更好，但是并没有"不同"，因此百事可乐从未成为可乐市场的领先者。

很多公司竭力想成为市场的领先者，却忽略了这条最基本的原则。在一些由管理层直接经营而几乎没有营销协助的小型公司里，这样的情况尤为明显。

命名的重要性

即使一家公司考虑到了"不同"，但是也常因品牌名的扩张而错失成为品类领先者的良机。

一个新品类需要一个新的品牌名。但是中小企业的左脑思维者会想："我们无法承担启用一个新品牌的费用，就用既有的品牌名吧。更何况，我们已经建立起良好的消费者认知了。用新品牌，我们就要从头来过。我们没有同时推出一个新产品和一个新品牌的资源，也不必启用新品牌。"

下面这些循环的理由很轻易地证明了"更好的产品会获胜"。

（1）更好的产品会获胜是一个公理。

（2）品类中的领先品牌一定是更好的产品。

（3）我们是如何得出结论的？因为更好的产品总是会获胜。

（4）市场上更好的产品确实会获胜就又一次证明了这个公理。这是左脑逻辑思维。

即使认为"产品最为重要"的《汽车新闻周刊》也把这个循环补充完整了，它说："当潜在消费者走进汽车代理商的展厅时，孰赢孰败就已成定局。"

言下之意：我们如何判断哪个产品更好？就是那个在展厅里已经获胜的产品。

生命并不完美

理想地说，或许更好的产品总能获胜，但事实并非如此。

面对几百个不同品类中成千上万的产品，消费者会在一个品类中将产品一一购买并对比吗？我们可不这么认为。

美国平均每个超市出售约 45 000 种商品。平均一个消费者在一年中会购买其中的多少？100 件？200 件？可能最多 400 件（那只是商品总数的 1/100）。

购物时商品的比较概率是很低的，大部分消费者会选择领先品牌。一些消费者购买低价产品，一些选择有独特特征的品牌。

很多贴有特殊标记的产品与领先品牌产品是同一家公司生产的。在很多案例中，产品是相同的，唯一的区别就是贴有特殊标记的产品更便宜。

但大部分消费者更倾向于领先品牌。力量蕴含在品牌中，而不在产品中。

消费者行为并非看上去那么不合理。购买领先品牌让消费者对高质量产品放心，不用一直测试和分析。毕竟生命是短暂的。

更好 vs. 第一

你认为下面哪一个描述更有可能发生？

A：公司研发了更好的产品或更好的服务，以期超越市场上既有的领先者。

B：公司最先在一个新品类中推出了一个新品牌，成为市场领先者。之后推出更好的产品或服务，击退了企图抢占领先地位的那些竞争对手。

哪个描述更契合星巴克、红牛和iPod这些品牌？

或者，我们回顾一下几年前的一些品牌：汰渍（Tide）、塞润保鲜膜（Saran Wrap）、瑞诺德包装（Reynolds Wrap）、立顿（Lipton）、雀巢咖啡、英特尔、吉露果冻（Jell-O）和其他众多领先品牌。

第二个描述更符合事实。在新品类中的第一个品牌在很长一段时间里主导这个品类。

第一个描述符合大部分左脑逻辑思维者的观点，而且这些观点根深蒂固。

这就像是死囚的两难境地：如果你说自己是无辜的，法庭会处决你，因为你对自己的严重罪行毫无悔意；如果你很内疚，法庭无论如何还是会处决你，而且认定是把真正的罪犯送进了毒气室。

"更好的产品"困境也一样：如果你是最早进入市场并成为领先者的品牌，你一定有更好的产品；如果你既不是第一个进入市场又不是领先的品牌，那么你就不会有更好的产品。正是如此。

几个例外

在一些品类中，确实是更好的产品获胜了，但这些品类本身就很少或几乎没有品牌。想想在超市的农产品区，消费者是如何把时间花在挑选更好的苹果、橘子或柠檬上的。

用"更好的产品"就能获胜的品类数量正在减少，因为这些是最适合新品牌推出的品类。在农产品区，一家叫作新鲜速递（Fresh Express）的公司推出了"袋装沙拉"的第一个品牌。

很自然地，农产品行业的大公司就带着它们的大品牌进入了市场，都乐（Dole）和德尔蒙（Del Monte）就是其中的两个。

谁成为了市场领先者？是在这个 30 亿美元市场中占有约 40% 份额的新鲜速递。

在 2005 年，新鲜速递被奇基塔品牌国际公司（Chiquita Brands）以 8.55 亿美元收购，真是一个好价钱。

考虑"不同"就获得了财富，考虑"更好"反而遭受挫败。

第 5 章

管理派主张完整的产品线
Management favors a full line

营销派主张狭窄的产品线
Marketing favors a narrow line

逻辑会倾向左脑思维的管理派的策略。如果你有全面的产品和服务，显然会比狭窄的产品和服务销售得更多。

那么，为什么营销派却主张狭窄的产品线呢？

因为销售是营销的第二步，第一步是在消费者心智中建立一个品牌，然而完整的产品线是很难在消费者心智中形成认知的。

雪佛兰是什么

截至 2008 年，雪佛兰已出售 7 款轿车 [爱唯欧（Aveo）、科宝（Cobalt）、克尔维特（Corvette）、HHR、羚羊（Impala）、迈锐宝、蒙特卡罗（Monte Carlo）] 和 9 款重型车 [Avalanche、Colorado、Equinox、快速（Express/G van）、西尔维拉多（Silverado）、郊外（Suburban）、塔荷（Tahoe）、开拓者（TrailBlazer）、优普兰（Uplander）]。

当你用同一个品牌名来命名所有的东西时，它就很难代表任何一个。

问一位汽车买主："雪佛兰是什么？"他在愣了好一会儿后也许会说："是一部美国汽车或卡车？"

管理派总是看看市场，然后问自己："我们如何才能获得可观的市场份额？"显而易见的答案是全面的产品线。

管理派的下一步便转向了营销部门，要求他们制定一项战略来推动公司的全面产品，可最终得到的不过是毫无意义的宣传标语。

最近，雪佛兰用的毫无意义的标语是："一场美国革命。"

谢天谢地，幸好没人把这个广告标语真的当成一回事。如果人们当真了，他们可能会假想雪佛兰有一个秘密车厢，空间足以容纳一支 AK-47 步枪。

也许你会想，这只是广告语，展厅销售靠的是产品的质量。这也不完全错，但是如何吸引你的潜在顾客走进你的展厅呢？

福特是什么

问题和雪佛兰一样。福特汽车公司出售6款轿车[皇冠维多利亚（Crown Victoria）、500（Five Hundred）、福克斯（Focus）、福星（Fusion）、野马（Mustang）、金牛座（Taurus）]和11款重型车[E系列/俱乐部（Club Wagon）、E系列货车、爱虎（Edge）、爱仕（Escape）、爱仕混合动力（Escape Hybrid）、征服者（Expedition）、探索号（Explorer）、F系列、自由式（Freestyle）、逍遥（Ranger）、特使（Taurus X）]。

不同于雪佛兰，福特并没有用一条毫无意义的宣传标语来涵盖它的全部车型。不同的福特车型都有一个标志性广告。例如：

- "Tough. Love."（坚韧。爱。）——2008年爱仕混合动力车
- "MPGs meet MP3s."（省油和娱乐的结合。）——2008年35MPG新福克斯
- "Street Smart."（道路精灵。）——2008年爱虎结合SYNC车载通信和娱乐系统
- "Safety. Fast."（安全。快速。）——2008年福星

然而，最近福特汽车开始转型，并试图为它的产品线找一个整合性的标语。有什么好主意能吸引消费者到经销商的展厅？

"福特。开吧。"（"Ford. Drive one."）

"开吧"？这就是福特与美国市场上其他28个主要汽车品牌之间的差别？这实在是一个永远不会奏效的幼稚想法。

汽车并非可乐，在可乐这个品类中，除了可口可乐和百事可乐就没有第三个相当的品牌了。汽车行业的竞争非常激烈（市场上有29个品牌，每个品牌的年销量都超过10万辆）。

消费者不需要展厅里更多的选择。他们在走进展厅前就已经可以对品牌进行全面的选择。

就像不同的马适合不同的跑道，每个品类也有自己的战略。在一个几近饱和的品类中，只有一个战略是行得通的，即必须简化你的营销信息。

但是，如果你的产品都用同一个品牌名，又如何做到简化呢？坦率地说，这行不通。这也是美国汽车行业长期处于困境的原因。

"看看它们三个"

这是1932年非常著名的普利茅斯（Plymouth）汽车广告的标题。人们马上就能想起其他两个。

那一年雪佛兰、福特和普利茅斯占据了汽车市场65%的份额。

"看看它们三个"是一个有效的营销策略。1932年，普利茅斯的销量上升19%，而那一年整个汽车市场的销量却下降了43%。

普利茅斯已经一去不复返了，但如果克莱斯勒的低端品牌（道奇）投放类似的广告，会是什么效果呢？消费者就会糊涂了。雪佛兰、福特和道奇仅占汽车市场的33%。

今天汽车市场65%的份额要由7个品牌来共享。

"看看它们7个？"这显然不可取。今天的顾客在购买前平均只会走访3个经销商展厅，且几乎是同一类型的。

随着时间的推移，每个类别都在朝同一个方向发展，更多品牌、更多选择、更容易混淆、更需要简化。

与其增加更多车型混淆品牌，汽车生产商们不如更好地精简他们的产品种类。

土星汽车的悲剧传奇

土星（Saturn）汽车的迅速发展正如其名，土星 V-12 火箭将阿波罗号宇航员送上了月球。

1994 年，土星在推出仅四年后，便创下了它的最高销售纪录——286 003 辆。同一年，土星经销商的单店平均销量比任何其他品牌都要多。

- 土星：平均每个经销商卖出 960 辆。
- 丰田：平均每个经销商卖出 841 辆。
- 福特：平均每个经销商卖出 746 辆。
- 本田：平均每个经销商卖出 677 辆。
- 日产：平均每个经销商卖出 661 辆。
- 雪佛兰：平均每个经销商卖出 553 辆。

与其他主流汽车品牌不同的是，土星只有一种车型，当然你可以选择双门、四门或两厢车型。

这是"土星精神"洋溢的一年。这一年，4.4 万名车主和他们的家人在位于田纳西州的斯普林希尔（Spring Hill）的土星工厂，参加了"回归颂"（homecoming）活动。第二年，土星在 J. D. Power and Associates 发布的年度销售满意度指数报告上排名第一。

土星在消费者心智中建立了怎样的认知？是一种为年轻人设计的、价格便宜而外形美观的小型汽车。

土星接下来又做了什么

土星的管理者是否企图去扩大小型车的市场份额，或者扩展一个更大、更贵的汽车品类？

所有的汽车"专家"建议土星接下来该做什么呢？你猜对了，产品线延伸。

当年有一个典型的说法，引自《华尔街日报》："许多分析家认为，当土星的客户慢慢年长、富有时，土星将最终需要一款更大的车型来维系它的客户。"

1998年，通用汽车公司的副总裁说："我们竭尽所能，为他们提供更多的产品选择。"

同年，《汽车新闻周刊》的一位编辑写道："通用汽车公司要咬紧牙关让土星展开翅膀。也就是说，尽可能快地开发土星汽车和轻卡的全线产品。"

第二年，辛西娅·特吕代勒（Cynthia Trudell）接管土星。正如大家期望的，她上任后的第一把火就是"想方设法扩展产品内容"。

两年后，特吕代勒女士离任，土星由安特妮·克莱顿（Annette Clayton）接任。但是这一战略还是没有改变，"我将重点放在不久的将来，"克莱顿女士说，"准备推出SUV，做好增加产品内容的准备。"

1999年，较大车型的土星（L系列）上市；2002年，运动型土星（Vue系列）上市，替代原始土星的车型（Ion系列）于同年上市。

当鲍勃·鲁兹（Bob Lutz）接任通用汽车副总裁职位并负责产品开发时，也是同样的论调。2004年，他说："我们正在投资土星的未来，因为它是一个内在状态良好的品牌，只是需要一个更强大、更令人振奋的产品。"

无济于事，后面几年土星的销售情况一直不稳定，但再也没能达到1994年单店平均年销售960辆的最高销量纪录。

2007年，土星经销商单店平均年销量仅为553辆（共有5个车型：Aura、Ion、Outlook、Sky、Vue）。

当管理派不再染指土星品牌时，它已经不再是一种廉价汽车了，因为更大的车型和更高的价格已经破坏了这一定位。

当管理派不再染指土星品牌时，它也不再是一种属于年轻人的车型了。事实上，产品延伸策略背后的初衷是当客户渐渐变老、变富有时，它仍能"为客户服务"。

17年以后，"土星"代表什么？什么也不是。

营销本该怎么做

虽然传统的管理策略是延伸产品线，但市场营销有不同的思路。

营销的首要目标是主导一个品类。当你主导了一个品类再面对竞争威胁时，你就是坚不可摧的（想想跑车品类中的保时捷）。

在创下最高销量纪录的那一年，土星占了"小型"或紧凑型轿车品类16%的市场份额。在23款小型车里，土星的销售量仅次于福特雅仕（Escort）。

- 福特雅仕：19%
- 土星：16%
- 本田思域（Civic）：15%
- 丰田花冠（Corolla）：12%
- 雪佛兰骑士（Cavalier）：11%
- 雪佛兰/杰傲普林斯（Geo Prizm）：7%
- 其他：15%

16%并不完全是这个品类的最大市场份额。

相对于花费数千万美元开发土星更大、更昂贵的车型，营销导向的执行策略应该是把钱花在改善基本车型上。这是土星可能占据小型车84%市场份额的机会，但是它没能把握住。就像大众汽车在20世纪五六十年代做的那样，在紧凑型汽车市场中确立一个主导地位。

（从计算机到汽车，每一个高科技产品都需要不断地开发新产品以跟上竞争，就像日历的生产商要每年更新年份一样。）

土星用了11年的时间才推出S系列的升级版，或者称其为"小土星"。在相同的11年里，本田已经推出了三代思域紧凑型轿车。

1994年，S系列土星的销量超过本田思域7个百分点。

2007年，本田思域超过了S系列第二代（由Ion和Aura相结合而成）207%。

比比保时捷与大众汽车

今天，保时捷主导了跑车品类。过去，大众汽车主导了紧凑型汽车这个品类，但今天这个品牌无法代表任何东西。

数据显示出差异：2006年，大众汽车公司的销售额达到1 384亿美元，净利润为36亿美元，净利润率仅为2.6%。

另一方面，保时捷的销售额为102亿美元，净利润为17亿美元，净利润率高达16.7%。

几乎所有的管理学大师都说，汽车行业是世界上最难的行业。但如果能保持狭窄的产品线，在消费者的心智中建立起具有代表性的认知，那就不难了。

有着16.7%的净利润率，保时捷就像可口可乐（净利润率为20.7%）、宝洁公司（净利润率为13.5%）、通用电气（净利润率为12.9%）和IBM（净利润率为10.5%）一样，跻身最盈利企业的行列。

管理派的观念很顽固

当你坚信一样东西时,你就很难改变你的想法。当你坚信一样东西,而在面对那些似乎与你的信仰相违背的事时,你会认为出错的是执行,而不是战略。

"土星品牌扩大的速度还不够快。"左脑逻辑思维的管理派总是这么想。

当然了,确实如此啊。

第 6 章

管理派倾向品牌扩张
Management tries to expand the brand
营销派倾向品牌收缩
Marketing tries to contract the brand

孔子曾经说过："一人追二兔，两者不可兼得。"

显然孔子的理论不是管理学教材，因为"增长"是每个管理派的首要目标。企业如何发展壮大？逻辑表明，需要扩展。

所以企业开始同时追逐两只或三只兔子，而非一只。

右脑思考的营销派则不是这样看待事物的。如果是为了增加利润，而不是仅图提升销量，企业需要的是收缩而不是扩张。听起来可能有些不合逻辑，但它确实奏效。

我们可以用诺基亚（Nokia）和摩托罗拉（Motorola）之间的营销战为例来清晰地说明收缩与扩张之间的差异。

诺基亚的收缩

1865年，芬兰诺基亚河边，"诺基亚"从一个纸浆磨坊起家。1967年，它与生产胶鞋和轮胎的芬兰橡胶厂（Finnish Rubber Works）合并；同年，诺基亚与生产电缆和电子产品的芬兰电缆厂（Finnish Cable Works）合并。1981年，诺基亚购入一家电信公司的大部分股权，接下来的一年它将斯堪的那维亚最大的彩电生产商和瑞典一家电子和电脑厂纳入名下；1986年它获得芬兰最大电子批发商的控股权，1988年收购爱立信（Ericsson）的IT部门后创建了斯堪的那维亚最大的信息技术集团。

直至20世纪90年代，诺基亚才停止这种盲目的扩张，将它们通通卖掉，并聚焦手机市场。诺基亚开始一心一意只追一只兔子。

1998年诺基亚卖掉4 000多万部手机，销量超过摩托罗拉，从而跃升为全球第一的手机生产商，从此再也没有丢掉这个宝座。

与此同时，摩托罗拉一直走着相反的方向。

摩托罗拉的扩张

摩托罗拉最初靠生产汽车收音机起家,它的名字也由此而来。[注]多年来,摩托罗拉进入多个行业:传呼机、半导体、有线电视机顶盒、电脑、电信工具等。

诺基亚现在身坐手机行业头把交椅,但发明手机的却是摩托罗拉。摩托罗拉公司在1983年推出第一部商用手机Motorola DynaTAC 8000X。

20世纪80年代后期,手机行业开始起飞,此时摩托罗拉本应将公司所有资源都聚焦到手机上,但它却选择继续同时追更多的兔子。

1990年,摩托罗拉推出电脑工作站系列产品,同年启建耗资50亿美元的66-卫星铱星通信系统,并在1998年建成(两年后以2 500万美元贱卖)。

1991年,摩托罗拉与苹果、IBM联合研发PowerPC芯片,并将其用在个人电脑产品上。

到了1995年,摩托罗拉自称"无线通信、半导体、电子系统、零件和服务的全球顶尖供应商之一,业务涵盖了手机、双向无线电、传呼机和数据通信、个人通信、汽车、防御、空间电子和计算机"。

(请再看看前面这段文字:如果企业不能用两三个词来概括自己的品牌,它潜在的营销问题已经很明显。)

1997年,摩托罗拉宣布将用129亿美元建立另一个全球卫星系统。

2000年,它以170亿美元买下通用仪器(General Instruments);随后几年里,它收购一家有线网络设备公司、一家嵌入计算机系统公司和一家无源光纤网络设备生产商。

直至2004年,摩托罗拉才决定将半导体业务分拆出去。自从那时起,

[注] Motor意为汽车。——译者注

摩托罗拉的多元化战略不断膨胀，在2008年达到巅峰，计划分拆最宝贵的那顶皇冠：手机（大约晚了20年）。

看看这些数据

决定企业成功的关键不在于它能生产多少产品，而在于能赚多少钱。

- 在过去10年里，摩托罗拉销售总收入为3 293亿美元，诺基亚为3 701亿美元。两者在销售额上十分接近。
- 同样也是在过去10年，摩托罗拉净利润为54亿美元，净利润率为1.6%；诺基亚净利润为440亿美元，比摩托罗拉的七倍还要多，净利润率达11.9%。
- 摩托罗拉在股票市场上价值90亿美元，诺基亚价值482亿美元，为前者的5倍以上。
- 在国际品牌集团全球最具价值品牌排行榜上，摩托罗拉以37亿美元排在第87位，诺基亚以胜其10倍多的359亿美元价值排名第五。
- 2007年，诺基亚占领全球手机市场的37.8%，摩托罗拉以14.3%萎缩至第三。

摩托罗拉公司扩张了它的品牌，而诺基亚则收缩了自己的品牌。谁是赢家？当然是诺基亚。

但是，摩托罗拉的管理者并不是这样看的。新任CEO格雷戈里·布朗（Gregory Brown）在手机业务里的"矛盾执行"给摩托罗拉带来很大的麻烦。

当出现问题时，左脑思维的管理派总是将之归咎于执行。一个合乎逻辑和分析、经过细致研究的战略怎么会有错呢？

兔子满天飞

就拿航空业来说，管理层做出的决定在短期来看总是正确的，但在长期上却是不对的。

大部分航空公司最先面临的抉择是：做客机还是做货机？

"两只兔子都要！"航空公司不约而同地回答，"客舱下面还有剩余空间呢，这是不用想都能回答的问题。"所以美国的大型航空公司都客货并运。

事实上，飞机的货运量并不多：2007年，美国航空（American Airlines）的货运收入为8.25亿美元。听起来好像不少，但只占总收入的4%。

[急速扩张是很普遍的。曾经，美国联合包裹服务公司（United Parcel Service）悄悄地开始了一项新业务，原来的货运飞机在周末进行客运，并有周末乘客包机的服务。也许可以将其名称改为UPPS——美国联合包裹及旅客服务公司（United Parcel & Passenger Service）？]

接下来要决定的是目的地的问题：飞商务城市还是度假胜地？

这次不约而同的说法是："两个都飞吧！为什么非要局限在一种目的地呢？休斯敦或火奴鲁鲁（檀香山），我们都飞。"

接下来是经营范围的抉择：飞国内还是飞国际？

也许你已经猜出来了答案："老规矩，两个都拿下！"所以美国的大型航空公司既载客又运货，既飞国内又飞国际。

再下一个问题：是分别提供头等舱、商务舱服务还是仅提供经济舱服务？

又一次不约而同地："三个都要，一个都不能少！"所以大型航空公司都提供多级别服务。

（兔子的数目不断增加，美国航空现在提供8个级别的服务：经济舱超省、经济舱特省、灵活经济舱、即时升级、特别商务级、灵活商务舱、灵活头等舱和头等舱。）

回首过去，我们往往很容易就能发现"多兔战略"的荒谬。但从短期来看，这些做法大多确实能增加收入和利润。

但从长远来看，一旦高度聚焦的对手出现，这种战略就变得不堪一击，应声而倒。

西南航空，"一兔战略"

只飞商务城市，不飞度假地；只有经济舱，不提供头等或商务舱；只飞国内，不飞国际。

西南航空的"聚焦"体现在很多不同的方面：除了花生，不提供其他食物；不能携带宠物；不能提前预订座位或托运行李；不给予企业优惠。

（西南航空最近声明将提供一个新服务——"商务选择"，费用是单程10美元到30美元以上，提供优先登机、常客积分奖励和免费鸡尾酒。这意味着什么呢？如果真是这样，可不是一个好的发展方向。）

因为奉行一兔策略，西南航空能只用波音737这一种机型来运作系统。与之相对的是，达美航空（Delta）有8种机型，美国航空也是。

（达美航空现在正与西北航空合并。合并之后，除非它卖掉一些机型，否则达美航空的机型将达到13种。）

狭窄聚焦可以提升运营能力，这也是西南航空的投诉率在航空业常年保持最低的一个原因。2007年，它收到的以每10万名乘客为单位计算的投诉率是美国五大航空公司的零头。

- 西南航空：0.26件投诉。
- 西北航空：1.43件投诉。

- 美国航空：1.65 件投诉。
- 达美航空：1.81 件投诉。
- 联合航空（United）：2.25 件投诉。
- 全美航空（US Airways）：3.16 件投诉。

狭窄聚焦也能提升维护能力。如果机械工和维修工只操作一种机型，那么整体维护和服务水平将更容易掌控。

[也许更好的维护跟这没有关系，但在过去 30 多年的运营中，西南航空保持了零事故的记录，全球唯一能跟它相媲美的大航空公司只有澳大利亚航空（Qantas）。]

回头看看"多兔战略"的航空公司

- 联合航空宣告破产。
- 达美航空宣告破产。
- 全美航空宣告破产。
- 西北航空宣告破产。

在过去 10 年中，美国航空公司销售 1 952 亿美元，亏损了 43 亿美元。

航空业中存在的问题变得越来越糟糕。随着近期燃油成本的震荡，你可能认为，美国的这些多兔战略的航空公司会考虑一下自己的战略调整。

什么也没有改变。它们仍然用一贯的做法来应对西南航空所带来的威胁，它们还在追赶所有兔子。

"我们应该经营一个全方位服务的航空公司还是廉价的航空公司呢？"

"两只兔子都追吧。"因此，达美航空公司很快推出了 Song 品牌，也很快失败。联合航空公司推出 Ted，也很快失败。

另一方面，我们认为，运用和西南航空完全相反的营销策略，对其他航空公司来说是一个良机。只追逐一只兔子，只做头等舱的航空公司，Eos 和 MaxJet 在北大西洋航线上尝试过（但失败了）。

要在今天的商业上取得成功，就需要一定的圆滑。你不要妄想在对手的主盈利航线上分得一杯羹，比如从纽约到伦敦。

西南航空并没有开通从纽约至洛杉矶的航线。它的第一个航班是从达拉斯到休斯敦和圣安东尼奥。但直到 8 年后，西南航空才又开通从得克萨斯州到新奥尔良、俄克拉何马州和塔尔萨的航班。

当各大航空公司明白为什么西南航空能够成功的时候，为时已晚，它们已经束手无策了。

美国要价最高的 CEO

家得宝（Home Depot）前任 CEO 罗伯特·纳德利（Robert Nardelli）常被冠以"全球要价最高的执行官"的头衔。入主 6 年后，纳德利领走了大约 2.1 亿美元的薪资离开家得宝。

单从账面数字来看，家得宝可以说运营有方，在纳德利任职的 6 年里，其销售增长了 99%，利润增加 125%。

但再拿家得宝和第二大家居装修连锁劳氏（Lowe's）做横向对比，就可以看出问题：纳德利刚担任执行官时，家得宝销售额是劳氏的 2.4 倍，纳德利离开时这个数字下降为 1.9 倍。

同一时期家得宝股价下跌 8%，劳氏股价上涨 188%。

两家连锁仍有很大的增长空间——劳氏预测美国家居装修市场每年价值 7 000 亿美元，如果这个数字准确，家得宝和劳氏现在加起来也没有占到市场的 20%。

占主导地位的品牌比小一点的对手往往更有优势。麦当劳增长速度快过汉堡王，百威啤酒牵制米勒啤酒，吉列强过舒适（Schick），耐克领先于锐步（Reebok）。但为什么家得宝的发展步伐反而跟不上比它小的劳氏呢？

问题出在家得宝没有持续聚焦消费品业务。它花费60多亿美元收购了批发供应商来壮大家得宝供给（Home Depot Supply），并想借后者进入建筑材料市场。

家得宝在家居装修市场上只有13%的份额，它要做的应该是持续聚焦核心业务。

要知道，增长的意义并不完全相同。家居装修业务上的增长会加强品牌的力量，核心业务之外的增长则会削弱品牌的力量。

围墙另一头的草更嫩。为什么像家得宝这样的一个企业，还没有主导自己所在的行业品类，就要去不断挖掘其他业务呢？

而且，建材和家居装修这二者并不属于同一业务范围。"承建商更依赖于供应商或训练有素的销售人员之间长期的合作关系，"《华尔街日报》指出，"很多人都将家得宝跟手推购物车的DIY迷或足球妈妈㊀联系在一起，他们都不去小店铺里购买装修材料。"

在想方设法扩张业务的企业中，家得宝的做法是非常普遍的，它们的增长法宝有三个：一是产品延伸，二是多元发展，三是整合多功能。右脑思维的营销派知道，这三个法宝中无一能顶得过一个"聚焦"。

美国炒作最多的CEO

唐纳德·特朗普（Donald Trump）常被冠以"美国炒作最多的CEO"的头衔，观众或读者每天都能在媒体上看到关于他巨大成就的报道。

㊀ 丈夫迷足球，什么都要自己干的太太。——译者注

但特朗普也并非万事如意。2004年，特朗普酒店赌场暨度假村（Trump Hotels & Casino Resorts）宣告即将破产，股东们的投入竹篮打水一场空。

问题究竟出在哪里？如果你认为唐纳德（The Donald）和特朗普（The Trump）是全球最强大的品牌之一，为何他在亚特兰大城以"特朗普"命名的三个赌场最后都破产了？

管理派一般会将之归咎为运营上出现错误：特朗普收购泰姬陵赌场（Taj Mahal）的价格开得太高；设备更新跟不上对手；广告投入还不够；市场都被更为豪华的"波哥大"（Borgata Hotel Casino and Spa）抢走了等。

这些错误也许确实是导致特朗普赌场破产的一方面原因，但它的营销战略如何？在我们看来，错误非常严重（披露：多年前，我们为特朗普提供咨询服务时，也被它解聘）。

亚特兰大城哈瑞斯玛丽亚公司（Harrah's Marina）名下的假日酒店（Holiday Inn）曾经是我们的客户。哈瑞斯公司想再建一座赌城，地点不是在玛丽亚地区，而选在波沃（Boardwalk），所以打算以五五分的形式跟特朗普公司合作。

他们将名字定为"哈瑞斯波沃"（Harrah's Boardwalk）。

当时，我向他们的 CEO 指出，这是典型的产品延伸性错误：哈瑞斯原本有很多忠实的顾客，现在哈瑞斯波沃的出现无疑将这群人一分为二，一半去哈瑞斯玛丽亚，另一半去哈瑞斯波沃。

此外，哈瑞斯玛丽亚公司将营销策略定为"另一座亚特兰大城"，以强调跟其他两座赌城的不同。

或许，玛丽亚地区的顾客比波沃的顾客更为懒散且优雅（一条诙谐但并未使用的广告标语：在哈瑞斯玛丽亚，野蛮的动物只在表演台上，不在观众群中）。

两家公司经过多轮讨论后决定将赌场命名为"特朗普大厦"，营销策略是"亚特兰大城的中心",将波沃的地段优势和唐纳德·特朗普"建得最大最好"的地产商名声结合在一起。

假日酒店后来将它那一半股份卖给了特朗普,后者没有听从我们的忠告,继续进行错误的假日酒店品牌延伸。

唐纳德终于实现亚特兰大城三家赌城都用上"特朗普"这个名字的愿望,将他的忠实顾客分成三份,最终导致破产。

为何左脑思维者钟情于品牌延伸

因为它是合乎逻辑的。如果你有一个很好的品牌名字,为什么不能把这个好名字用在所有的东西上呢?

右脑全局思维者认为,当竞争微弱或者不存在竞争时,品牌延伸当然能起作用(特朗普集团在全球很多城市开花正是属于这种情况)。

但一旦竞争激烈,品牌延伸就是一条通往灾难的捷径。

显然,没有右脑全局思维的人劝诫唐纳德·特朗普不要把"特朗普"放在亚特兰大的第二个或第三个赌城的名字上。

就算有,他们也犹豫是否要说出口。我们无法责怪他们。对胆小的人而言,反对唐纳德确实是一件很难的事情。

第 7 章

管理派力求首先进入市场
Management strives to be the "first mover"
营销派力求首先进入心智
Marketing strives to be the "first minder"

在管理层当中，最常被谈及的话题之一就是："首先进入市场"优势。

一些管理顾问对这个理念极其信赖，另一些则不予重视。一直以来，对这个话题持正面或反面意见的文章也屡见报端。

在营销派当中，"首先进入市场"优势的理念是无足重轻的，"首先进入心智"优势才是重点。

在一个新品类中，第一个进入消费者心智的品牌总是赢家。例如，运动饮料品类中的"佳得乐"，辣味可乐品类中的胡椒博士（Dr Pepper），益生菌酸奶品类中的达能碧悠（Activia）。

第一个 iPod 并非"苹果"

带有硬盘驱动的 MP3 播放器，iPod 于 2001 年 11 月 11 日在美国零售商店首次出售。

早在一年多以前（2000 年 7 月），新加坡的创新科技公司（Creative Technology Ltd.）就在美国市场上推出了带有硬盘驱动的 MP3 播放器 Nomad Jukebox。

此外，创新的 Nomad Jukebox 拥有 6G 的硬盘存储量，而最初 iPod 的存储量只有 5G。

创新的 Nomad Jukebox 最先进入了市场，却未能进入消费者的心智。公司犯了以下四个营销错误，致使它痛失首先进入消费者心智的机会。

（1）产品线延伸。创新科技之前已经在卖另外两款 MP3 播放器——创新 Nomad II 和创新 Nomad II MG（镁包装）。

这两款产品都有 64M 的闪存量，这意味着它们能容纳大约 20 首歌，而不是硬盘能容纳的几千首。

换而言之，硬盘 MP3 播放器是一个完全独立的品类。把"创新"这个名字用在两个品类上就容易使消费者混淆，这会有损品牌的建设。

（2）品类性的名字。"创新"是一个描述性、品类性的名字。不能拿一个品类名来建立品牌，你需要一个品牌名。

什么是品牌名？它是人们创造出来的独特的名字，例如 iPod（"苹果"并不真的卖苹果）。还有很多市场标准来决定一个名字能否成为一个好的品牌名。

（3）一个长而复杂的名字。比较一下"创新 Nomad Jukebox"（英文中有 7 个音节）和 iPod（只有 2 个音节）。

要在今天这个传播爆炸的市场上建立全球性的品牌，需要一个简短的品牌名（像红牛、星巴克、灰雁的英文名字都只有两个音节）。

一个真正成功的品牌名会成为它所在的品类的代名词。没人会用"硬盘驱动 MP3 播放器"这个品类名来称呼这个产品，人们叫它"iPod"，甚至那些其他公司生产的硬盘驱动 MP3 播放器也被人们这样称呼（所有小包装的纸手帕通常被叫作"舒洁"）。

第一个进入市场的企业应该问问自己："我的品牌名字是否有机会成为一个新品类的代名词？"

（4）焦点缺失。除了 MP3 播放器，创新科技还生产其他产品，比如创新禅移动媒体中心（Creative Zen Portable Media Center）（又是一个糟糕的品牌名）、数码相机、图形加速卡、调制解调器、CD 和 DVD 光驱、主板喇叭、声卡和电子乐器。

创新科技的管理层应该学习诺基亚，砍掉其他的产品线，聚焦于一个热点产品，就是硬盘驱动 MP3 播放器。

（创新科技也获得了微小的道德胜利，它从苹果那里得到了 1 亿美元的技术专利费。）

iPod 是如何创造的

它很简单，同时，也很困难。成为新品类在心智中的第一个品牌。再也没有比营销基本规则更加有效的战略了，那就是抢先进入心智。

- 可口可乐是世界上最具价值的品牌，它也是第一款可乐。
- 麦当劳是世界上最大的快餐企业，它也是第一个汉堡连锁店品牌。
- 雀巢（Nescafé）拥有世界上最大的咖啡销售量，它也是第一款速溶咖啡。

这是左脑思维的管理派不愿意听到的一个信息。他们认为这会贬低他们的企业和员工，会忽略知识、技能和努力的重要性。要取得成功，你所要做的就是成为"第一个"。

有太多的管理派只记住了这个营销规则的前半部分：成为第一的重要性。他们忽略了后半部分：什么才是右脑思维的营销派所指的"第一"。要第一个进入心智，而不是第一个进入市场。

他们把"市场上的第一个"和"心智中的第一个"混淆了。

在我们对品牌的研究中发现，成为领先品牌的很少数是真正第一个进入市场的品牌。通常在有人指出如何使品牌进入消费者心智之前，总有一些误打误撞。

- 杜里埃（Duryea）是美国市场上第一辆汽车，但这个品牌从未进入消费者心智。福特是抢先进入心智的品牌（至今仍然是汽车行业的领先品牌）。
- 杜·蒙特（Du Mont）是美国市场上第一台电视机，但这个品牌从未进入消费者心智。

- 赫尔利（Hurley）是美国市场上第一台洗衣机，但这个品牌从未进入消费者心智。

当你留意周围，你会发现有很多像杜里埃、杜·蒙特和赫尔利这样的品牌，它们最早进入市场，却未能抢占心智。

这些原本可以成为大赢家的品牌最终充其量不过是处在中游水平。

红水牛是什么

出了泰国，就几乎没人知道它是什么了。

红水牛（Krating Daeng）是一种含微量二氧化碳、高浓度咖啡因的调制饮料，富含草本、复合维生素B和氨基酸。

但是这种饮料并不是在泰国大受欢迎后成为全球性品牌的。一个奥地利人迪特里奇·马特基茨（Dietrich Mateschitz）发现了这种饮料，看到了它的潜能，与公司做了一笔交易。

就像当时摩托罗拉给第一个手机取名叫作"摩托罗拉DynaTAC 8000X"，MITS给第一台个人电脑取名为"MITS Altair 8800"，而华硕（Asus）给第一个超轻薄笔记本取名为"华硕Eee PC"一样，马特基茨禁不住要给这个新饮料产品取一个"华丽"的名字。

[华丽的命名有着很长的历史渊源：第一根火柴叫作可滑式硫化过氧化氢（sulphuretted peroxide strikable）；第一个测谎仪叫作心肺无意识手动描记器（cardio-pneumo-psychograph）。]

马特基茨本可以保留"红水牛"这个名字，也可以叫这个新饮料为"泰国茶"。

而马特基茨最终给这个亚裔混合物起了个"能量饮料"的名字——它就成为了第一款能量饮料。他选用了"红牛"（Red Bull）作为品牌名，是泰语"红水牛"的英文翻译。

在界定一个新品类、创造一个新品牌时，简单的名字总是最有效。"能量饮料"不仅是一个简单的名字，而且也因与第一个"能量棒"——PowerBar 类似而得益。

右脑思维者是视觉导向的，他们认为营销就是把心智中的空洞填满。如果已经有了一个叫作能量棒的品类，那么消费者一定会认为有一个叫作能量饮料的品类（那就是红牛）。

作为一个品类名，"能量饮料"还是表现得很出色。尽管一罐红牛的成分和 PowerBar、Balance、克立夫（Clif）和露娜（Luna）等能量棒的成分没有多大区别。

管理层在命名一个新品类时难免过于死板。重要的不是描述新品类的好处，而是用尽可能简单的名字表达出新品类的实质。

红牛成为一个强大的品牌，因为"能量饮料"被认知为能够在人们压力过大或过于紧张时改善表现的饮料，甚至有人把压力视为性表现（"能量"只是用社会普遍接受的方式表达那个意思而已）。

左脑思维者是语言导向的，他们认为营销就是要告知消费者产品的种种好处。

难道要通过告诉消费者这是一种富含草本、复合维生素 B 和氨基酸的咖啡因饮料，来让他们知道这个饮料的好处吗？由此可知，为什么那些大型的软饮料公司都不看好红水牛了。

软饮料公司的管理层们也忙着从现有的品牌中挤出最后一点价值，这也是如今发展到了 14 种不同类型可口可乐的原因。

第一个搜索引擎并非"谷歌"

我们最近的一次核查显示,谷歌市值达1 355亿美元,超过通用汽车和福特相加总和的9倍。

这对于由斯坦福大学毕业的两个研究生于1998年创建的公司来说已经很不错了(这两名学生也没有拿到博士学位)。

是什么造就谷歌成为世界上最具价值的品牌之一,以及在此过程中使谷歌上千名员工成为百万富翁?这可不是广告的功劳。

在最近一年,谷歌只花了500万美元用于营销(同年,通用汽车和福特在美国市场上的营销花费就达到59亿美元)。

是什么造就谷歌1 355亿美元的市值?普遍认为谷歌技术领先,谷歌设计出了更好的搜索引擎。

谷歌的案例十分有趣,因为它没能抢先,却仍然成为市场的领先者,显然推翻了我们右脑思维者的营销理念,再一次证明了更好的产品会赢得市场。

我们说"显然"是因为这些事实确实描绘出了一幅迥异的画面,给左脑思维的管理派提供了更多的想法。

第一个进入心智的搜索引擎是AltaVista,但是"搜索"对AltaVista来说还不够好,于是它增加了电子邮件、通信录、公告板、比较购物和大量的首页广告。

它又用10亿多美元收购了多家公司,包括比较购物的网站Shopping.com和金融网站Raging Bull。

实质上,AltaVista把自己转型成了一个门户网站,随后出售给一家互联网控股公司CMGI,并最终由Overture购进。

Overture后又被雅虎收购,雅虎把AltaVista恢复到最初的搜索引擎。

但为时已晚，谷歌已经来了。

心智中的第二个搜索引擎是GoTo.com，它推出了点击付费模式。随后GoTo.com也贪婪起来，决定把它的搜索服务与MSN.com、Netscape和AOL联合起来。

联合服务比目标站（destination site）更加盈利，于是GoTo.com的管理层决定把它的名字改为Overture，并聚焦于联合服务（从短期来看，这是一个不错的决策，但是长期来看就糟糕透了）。

当你面临在建品牌和创业绩之间做出选择时，最好把焦点放在品牌的建立上，业绩会跟上的。

谷歌是心智中的第三个搜索引擎，之后的历史人人知晓了。

成千上万的管理派人士确确实实地让机遇从指间溜走了，因为他们没能使自己的品牌聚焦。

AltaVista如是，GoTo.com如是，很多原本在股市上可以拥有更高市值的企业也如是。

第一辆日本豪华汽车并非"雷克萨斯"

第一辆日本豪华汽车是讴歌，那为什么讴歌没有成为豪华车的领先品牌？

要理解营销，你必须研究历史。美国卖出的第一辆讴歌是在1986年3月，而第一辆雷克萨斯直到三年半以后的1989年9月才卖出去。

第一辆英菲尼迪（Infiniti）直到1989年12月才卖出。

讴歌的兴起非常迅速。在它的第一个财政年（1987年），它已经成为最畅销的进口豪华汽车，销量超过沃尔沃、梅赛德斯-奔驰、宝马、奥迪和捷豹（Jaguar）。在市场研究机构J. D. Power and Associates发布的消费者满意度调查报告中，讴歌名列第一。

第 7 章
管理派力求首先进入市场　营销派力求首先进入心智

据此，也许你会认为今天日本豪华汽车品牌的销量排名的前三名依次应该是：讴歌、雷克萨斯、英菲尼迪。但是事实上是雷克萨斯取代了讴歌赢得了这场特殊的战役。

讴歌怎么了？就像 AltaVista 和 GoTo.com，讴歌对于自己的信仰不够坚定，它不是一辆"纯种"的豪华汽车。

在雷克萨斯推出的那一年，讴歌正在出售两种车型：4 缸的英特格拉（Integra），售价为 11 950 ~ 15 950 美元；6 缸的里程（Legend），售价为 22 600 ~ 30 690 美元。

雷克萨斯也推出了两种车型，分别为 6 缸和 8 缸的 ES250 和 LS400，价格分别为 21 050 美元和 36 000 美元。

雷克萨斯的车型更豪华，引擎更强大，平均售价也比讴歌高出 40% 以上。

就像星巴克、灰雁、哈根达斯（Häagen-Dazs）、依云和其他很多高端品牌一样，你需要高价位来建立一个奢侈品牌，便宜是高雅的天敌。

当然，罗马也不是一天建成的。尽管讴歌的战略欠佳，但是它的高端领先地位占据时间长达 12 年，直到 1999 年雷克萨斯最终超越讴歌成为日本豪华汽车的领先品牌。

（令我们好奇的是，在 20 世纪 90 年代的 10 年间，雷克萨斯的执行官们向丰田管理层请求生产多少辆相对低价的四缸汽车来更有效地与讴歌抗衡。）

如今，雷克萨斯已经成为美国市场上销量最大的豪华汽车品牌。例如，在 2007 年，雷克萨斯的销量遥遥领先于其他同类品牌。

- 雷克萨斯：329 177 辆
- 宝马：293 795 辆
- 梅赛德斯 – 奔驰：253 277 辆

- 凯迪拉克：214 726 辆
- 林肯（Lincoln）：131 487 辆
- 英菲尼迪：127 038 辆

左脑思维的管理派通常果断地制定清晰的目标并要求在短期内得到结果。

右脑思维的营销派则有耐心得多。改变心智需要很长的时间，营销本身可以说是一门"实践心理学"（亲历了人们与他们的临床治疗师相处的这几十年）。

雷克萨斯的案例告诉我们，公司需要耐心，就像需要同心协力的领导层一样。如果你没能成为第一个，那么你仍然能取得成功，只要你保持聚焦，而其他公司会渐渐丢失它们的焦点。

第 8 章

管理派期望"爆炸式"推动品牌
Management expects a "big-bang" launch
营销派期望缓慢建立品牌
Marketing expects a slow takeoff

在左脑思维的管理派中间一直流行着的一个神话，就是新品牌必须在短期内起飞，就像大爆炸一样。因此公司必须竭尽所能利用资源引发这场"大爆炸"。

事实并非如此。

右脑思维的营销派的直觉告诉你，一个越具有革新意义的概念，被普遍接受所需要的时间就越长。一般的产品或概念或许会迅速起飞，但是那些会最终改变我们的生活和工作的产品则不然。

个人电脑的缓慢成长

第一台个人电脑是在1975年推出的，当年比尔·盖茨从哈佛大学辍学到了新墨西哥州的阿尔伯克基，为MITS Altair 8800计算机编写一个基础的软件程序。

盖茨创立的微软公司是今天世界上最具价值的企业之一，市值达到2 502亿美元。

事情并不总是一帆风顺的。1976年2月3日，比尔·盖茨给Altair的用户们写了一封公开信，抱怨软件盗版问题。在发表于《Homebrew计算机俱乐部》(Homebrew Computer Club)简报上的信中，盖茨写道："出售给兴趣爱好者的软件带来的顾客忠诚度使得我们花在Altair BASIC软件上的劳动时间变得非常廉价，1个小时还不到2美元。"

大部分人在发现自己的辛勤劳作只值每小时2美元的时候，通常会选择其他的工作，但是比尔·盖茨没有。他对于软件前景的信心让他得到了巨大的回报。

但是个人电脑这个品类本身的起飞是很缓慢的。以下是对个人电脑自推出后每5年的全球销量估计。

- 1975 年：2 000 台
- 1980 年：1 050 000 台
- 1985 年：7 100 000 台
- 1990 年：20 000 000 台
- 1995 年：50 000 000 台
- 2000 年：138 000 000 台

从 20 世纪末到 21 世纪初，个人电脑的销售开始稳定下来。换而言之，随着市场逐渐从一个技术市场发展成商务市场，再到大众消费市场，个人电脑花了 25 年的时间才进入轨道。

这绝对不是一个火箭式的推进。

正因为革命性产品的缓慢起飞，管理派认为这个市场是很小的。数字设备公司的创始人肯·奥尔森（Ken Olsen）在 1977 年的时候有一句非常著名的话："人人家中拥有一台电脑是绝对不可能的。"

iPod 的缓慢成长

也许 21 世纪最成功的新产品当属苹果的 iPod。大部分人会认为 iPod 几乎是在一夜之间起飞的。

以消费品的标准来看，iPod 从推出到成熟的时间确实不长，但 iPod 每年的数据显示它和所有严肃的产品一样，有一个缓慢成长的过程。

以下是 iPod 推出后最初 6 个财政年的销售情况。

- 2002 年：345 000 台
- 2003 年：1 306 000 台
- 2004 年：4 540 000 台

- 2005 年：22 497 000 台
- 2006 年：39 409 000 台
- 2007 年：51 630 000 台

有一个明显的通则，快速发展起来的新产品最终会变为一种流行，比较一下像 iPod、个人电脑这样的严肃产品和 1958 年推出的呼啦圈。

在最初的两年里，Wham-O 卖出了 1 亿个呼啦圈。几年之后，流行过时了。Bartles & James、Clear Canadian、斯米诺冰纯（Smirnoff Ice）、椰菜娃娃（Cabbage Patch Dolls）和其他很多品牌都没能摆脱同样的命运。

从未发生的变革

当金百利－克拉克公司（Kimberly-Clark）在 2001 年 1 月推出一种 Cottonelle Fresh Rollwipes 湿纸巾时，公司仿佛觉得这款新产品会像个人电脑一样："美国的第一种也是唯一一种一次性卷筒湿纸巾。"

金佰利公司投资了 1 亿美元用于产品研发，这款新产品取得了 30 项专利。公司在新闻发布中称："这款新产品是继 1890 年首款卷筒卫生纸推出后最具意义的革新品类。"

或许吧。

然而金佰利公司把这款新产品当作呼啦圈一样推出。第一年的广告预算为 3 500 万美元，第一年的期望销售额为 1.5 亿美元（个人电脑的第一年销售额还不到 100 万美元）。

不出 6 年，金佰利预期每年的销售额能达到 5 亿美元。

但事情从未按照预期的那样发展。到了今天，新产品推出的 8 年之后，这款湿纸巾仍然是一个挣扎中的弱小品牌，但最终显示出一些生命的迹象。

左脑思维的经理们聚焦于数字：第一年的期望销售额为 1.5 亿美元。右脑思维的营销派就会聚焦于出售理念的问题。

"湿卫生纸是一个革命性的概念。要花很长的时间才能让这个概念被人们普遍接受并在他们的日常生活中实现。"

忘记用广告将信息传达到每个人吧。当你企图改变人类最基本的习惯时，你需要用公关，也就是我们所说的公共关系来推动。

金佰利公司也应该重磅推出这个产品，也许在高端餐厅和酒店里。

是技术人员市场推动了个人电脑的市场。金佰利的湿卫生纸也需要一群类似的使用者来作为推动湿卫生纸运动的骨干人群。

这就是为什么公关应该集中于市场的一个狭窄细分。早期的使用者会认为他们正在制造一种趋势。

品牌延伸的命名也是一个主要错误。Cottonelle Fresh Rollwipes 需要一个更简短、更有特色的品牌名（就像 iPod）。

A 理论 vs. B 理论

A 理论（代表"飞机"airplane）指飞机式推出。你的新品牌在跑道上缓慢滑行数千英尺[一]后，在巨大的推力下飞离跑道。品牌在空中飞行了一段时间后，它就开始加速进入巡航高度。

B 理论（代表"大爆炸"big bang）指火箭飞船式推出。你的新品牌像火箭一样发射，然后进入轨道。

你会选择大量的广告投放去推出一个新品牌，还是仅用公关？

广告和它的企业管理层支持者倾向于火箭飞船式推出，因为传统上广告策划是以大爆炸方式推出的。管理层总是希望能在最短的时间里推出新产品。

[一] 1 英尺 =0.304 8 米。

公关没有其他选择，它必须采用飞机式起飞。公关计划无一不是在一段长时间内展开的。这是公关处理媒体需要的唯一方式，因为媒体的焦点在于抢先报道和独家报道。

（你不能打电话和媒体说："大家周一要刊登我的报道。我正在用爆炸式的方式推出一个新品牌。"这可不是媒体的工作方式。）

真实的世界是怎样的？新品牌像火箭那样起飞，还是像飞机那样起飞？

来看一个饮料行业内的典型新品牌，以下是这个新品牌最初 5 年的年销售额。

- 1987 年：800 000 欧元
- 1988 年：1 600 000 欧元
- 1989 年：2 800 000 欧元
- 1990 年：5 200 000 欧元
- 1991 年：11 600 000 欧元

这个品牌就是红牛，主要是由公关建立起来，像飞机那样慢慢起飞。

难怪可口可乐和饮料行业的其他企业都忽略了红牛。在它推出的 5 年之后，它的年销售额以 1991 年的汇率计算，只有 1 000 万美元。

直到 1999 年（在红牛推出的 12 年之后），可口可乐公司才着手推出 KMX 能量饮料。这个产品自然是毫无成就。

如果管理派要等着看到一个新品类发展成一个大市场，再想从市场份额中分一杯羹，那为时已晚。

大公司也是慢慢起飞的

例如微软，也许很难相信，但是这个品牌从跑道上起飞花的时间比红牛还要长。

红牛花了 9 年时间，年销售额才超过 1 亿美元，而微软则用了 10 年时间才使年销售额超过 1 亿美元。

再举个例子。一个零售品牌花了 14 年时间，年销售额才达到 1 亿美元。如今，这个品牌的年销售额已经达到 3 390 亿美元，并且成为全球最大的零售商。

它就是沃尔玛。

或许广告代理商、公关代理商、咨询公司和其他营销公司都应该向医疗行业学习。

不要把客户称为"客户"，而把他们称为"患者"。⊖

或许这样他们就不会期望立竿见影的结果了。

⊖ 在英文原书中，patient 一词既有"耐心"的意思，也有"患者"的意思。作者借该词的不同意思，幽默地指出应说服客户有耐心。

第 9 章

管理派以市场中心为目标
Management targets the center of the market
营销派以市场终端为目标
Marketing targets the ends

左脑思维的管理派具有很强的分析能力。如果要建立一家大公司、一个大品牌，就要把产品或服务放到最佳位置，也就是市场的中心。

讲得很有道理。

右脑思维的营销派则有更好的认识。在每个行业，必须要避免的恰恰是泥泞的中间地带。

美国有哪些行业陷在困境中？汽车行业、百货零售行业和航空业，这三大行业都因为同样的问题而陷入困境。

这些行业中的大公司都以市场中心为目标。

汽车行业

美国三大汽车业巨头（通用汽车、福特、克莱斯勒）一直在亏损。

这三大企业既没有强大的低端品牌，也没有强大的高端品牌。

在低端品牌中，三大进口品牌的表现非常出色——现代、起亚和马自达。事实上，现代的销量超过通用旗下除雪佛兰之外的所有品牌。以下是2007年美国低端汽车市场上一些品牌的销售情况。

- 现代：467 009 辆
- 庞蒂亚克：358 022 辆
- 起亚：305 473 辆
- 马自达：296 110 辆
- 土星：240 091 辆
- 凯迪拉克：214 726 辆
- 别克：185 791 辆

在高端品牌中，另外三个进口品牌也表现得很出色——雷克萨斯、宝马和梅赛德斯－奔驰。以下是2007年美国高端汽车市场上一些品牌的销售情况。

- 雷克萨斯：329 177辆
- 宝马：293 795辆
- 梅赛德斯－奔驰：253 277辆
- 凯迪拉克：214 726辆
- 林肯：131 487辆

美国品牌在中端市场上很强大，但在低端或高端市场上就相对处于弱势，而且情况正在恶化。为什么？

每个行业都趋向于分化成两个独立的行业，一个位居高端，一个处于低端。但如果你想要利用这个趋势，就必须在早期进入并建立你的品牌。

不能等到市场发展成熟了再跳进去，那样就为时太晚了。

百货零售行业

西尔斯－罗巴克（Sears, Roebuck and Company）在数年前是该行业的黄金标杆。西尔斯曾经是美国最大、最盈利的百货零售商。

如今却再也不是了。这个拥有122年历史的公司遇到了很大的麻烦。

尽管在2005年与凯马特（Kmart）合并，也有ESL投资公司主席爱德华·兰伯特（Edward Lampert）的对冲基金的支持，西尔斯的销售额还是下跌了。最近西尔斯控股公司（Sears Holdings Corp.）宣布计划对企业进行重组，拆分成几家公司，以期摆脱萧条困顿的局面。

西尔斯做错了什么？

什么也没错。只是在百货零售行业分化成高低端两个独立行业的时候，它恰好站在了市场的中间位置。

在低端，沃尔玛和塔吉特（Target）成为大赢家。塔吉特的收益几乎是西尔斯的两倍，而沃尔玛几乎是西尔斯的10倍。2007年，西尔斯的销售额为334亿美元，而塔吉特的销售额达到634亿美元，沃尔玛则达到3 390亿美元，真是一个不可思议的数字。

在高端，诺德斯特姆（Nordstrom）和萨克斯第五大道（Sakes Fifth Avenue）作为高端奢侈品专卖店也做得很好。

注意，高端和低端市场并非一定要吸引不同的顾客。正如一位评论员所说："有时候人就想时髦光鲜一点，有时候又想朴素低调一些。"

西尔斯本该怎么做？左脑思维的管理派也许会建议西尔斯跟随市场向上或向下走，做高端或低端。但是，并不存在所谓"好的"营销逻辑。

一旦在心智中已经有了一个有力的定位认知，要改变它就很难。遇到麻烦时，问题的解决方法通常是一样的，即聚焦。

西尔斯本该通过聚焦成为行家。

西尔斯曾经是在美国家电市场上最大的经销商，有41%的市场份额。随着劳氏和家得宝壮大家电业务，西尔斯的家电业务市场份额也逐渐缩小。

西尔斯用19亿美元收购了蓝衫公司（Lands End），以弥补自己的弱势（服装和纺织品）。但是西尔斯本该退回到它的强势领域——耐用品，而且它已经有很多知名的耐用品品牌，像肯摩尔（Kenmore）、巧匠（Craftsman）和强硬电池（DieHard）。

但从逻辑出发，以成长为导向的管理派从来不那么想，他们总是要"扩张、扩张、再扩张"。

航空业

航空业的管理派显然很喜欢面向大众市场这个概念，因为这能让市场占有率实现最大化。至少理论上是这么回事。

营销派的观点可不是这样，面向所有人就会陷入最深的泥潭。

如果一家餐厅分为头等区、商务区和经济区，各区有独立的菜单和服务生，它能有多成功？在顾客的心智中，你会如何定位它？高档、低档，还是某个中间的档次？

在天上飞的餐厅㊀也同样的道理。

在低端市场，西南航空做得很好。另外还有不提供额外服务（即廉价航空，no-frill）的欧洲瑞安航空（Ryanair）和亚洲航空（AirAsia）。

在高端市场，私人飞机市场正迅猛发展。此外，市场对只提供商务舱服务的航线也表现出很大的兴趣。

从长期来看，我们预计高端航空品牌会显露出来。这对营销很有意义。

可乐品类中的泥泞思维

可口可乐和百事可乐都想推出中度热量的可乐。百事推出了百事边锋（Pepsi Edge），可口可乐推出了C2。

每罐355毫升只含有75卡路里的热量，这两款产品都比常规150卡路里的可乐减少了一半的热量。百事可乐称它的热量减半新产品做到了"口感和热量的完美平衡"。

从市场营销的角度来看，这款新产品离完美还差得很远。追求口感的百事可乐消费者还是喝普通百事，而那些追求"低热量"的消费者会去喝

㊀ 指飞机。——译者注

百事健怡（Diet Pepsi）。百事边锋的市场在哪儿呢？

百事边锋既没能赢得"口感"，也输掉了"低热量"。这是管理派所犯的典型错误——陷入了泥泞的中间地带。

C2也是如此。

百事声称有6 000万消费者在健怡可乐和普通可乐之间选择。也许吧。但是同样也有上百万的消费者在咖啡和茶之间选择，这并不意味着做一种半茶半咖啡的"coftea"⊖产品就会成功。

这是百事第二次犯下相同的左脑管理式错误。它曾企图推出一种中度热量可乐却走到了穷途末路。这个产品就是1975年推出的"淡味百事"（Pepsi Light）。

管理派是永远不会承认错误的。当时百事公司称淡味百事是一款"超越了时代"的产品。这个借口今天也可以拿来用在百事边锋身上。

再举一些陷入泥泞中间地带的管理式错误

红葡萄酒很畅销，白葡萄酒也很畅销，但是玫瑰红酒就什么也不是了。仅仅因为几百位葡萄酒消费者在干红和干白之间选择，并不代表玫瑰红的葡萄酒就能成功。

番茄酱在美国很畅销，沙司也如此。事实上，几年前，沙司的销量已经超过了番茄酱，于是亨氏做了什么？

它推出了亨氏沙司型番茄酱，又是一个因管理派陷入泥泞中间地带的错误。

福杰仕（Folgers）是美国最畅销的普通咖啡品牌，也是最畅销的脱因咖啡品牌。于是福杰仕公司认为填补中间位置会是一个绝好的机会。

⊖ 咖啡和茶的英文单词合并而来。——译者注

结果是它推出了福杰仕 1/2 咖啡（Folgers 1/2 Caff），"使用经典的烘焙工艺，咖啡因含量减半"。又一个陷入泥泞中间地带的错误，它不会带来很大的市场份额。

万宝路是最畅销的普通香烟品牌，也是最畅销的"淡烟"品牌。于是万宝路公司又似乎看到了中间位置的良机。

结果是，它们推出了中度万宝路（Marlboro Medium）（牛仔们可不会抽那些和"中度"有关的东西）。

高价位的锋速3（Mach3）和 Fusion 是剃须刀的畅销品牌，在低端市场上的一次性剃须刀比克（Bic）和吉列（Gillette）也卖得很好。那些中端的剃须刀的市场占有率一直在下滑。

数码相机的市场被区分为两种：①小型的傻瓜相机，重量只有170克左右；②体积较大的专业单反相机，重量会达到几磅。没有中间地带的市场。

手表的市场也被分为时尚低端市场——有斯沃琪（Swatch）和奢华高端市场——有劳力士（Rolex）。也没有处于中间泥泞地带的市场。

盖普（The Gap）也是如此。在经历了连续几年的销售下滑并几经努力仍未见好转之后，这个全美国最大的服装专卖店企图从公司现有的三个主要品牌——盖普、老船长（Old Navy）和香蕉共和国（Banana Republic）中的一个或几个来开发副产品或提升公司的销售额。

盖普做错了什么？从市场营销的角度来看，它于1994年推出老船长这个品牌，之后成为公司43%收益的来源。

老船长是低成本、低价格的服装连锁店。的确是一个很好的概念，但是公司已经有了低成本、低价格的服装连锁店，叫作盖普。

为了给老船长腾出市场空间，盖普从低端升了一级，进入了泥泞的中间地带，从此以后就问题不断。

（通用汽车在土星和雪佛兰两个品牌上也犯了同样的错误。）

零售商应该储备多少货物

像沃尔玛这样的百货零售商储备了大约150 000种货物,并且非常成功。

像美国好市多(Costco)这样的仓储商场储备了大约4 000种货物也很成功。在2007财政年,好市多的销售额达到了644亿美元。

在欧洲,阿尔迪(Albrecht Discounts,Aldi)折扣超市只有1 300种流行食品,但年销售额却有450亿美元(仅在德国,阿尔迪就占食品超市市场40%的份额)。

一家零售商应该储备多少种货物?这得视情况而定。但是也许最好在高端和低端两种中选其一。

左脑逻辑思维者总认为解决任何问题都有一条最佳途径。

右脑直观思维者总认为解决任何问题都有两条途径,而处于中间泥泞地带的这第三条路是无论如何都要避免的。

拿三个百货零售商来说,沃尔玛聚焦于低价,塔吉特用宽敞的走道和整洁的陈列以及设计师商品成为高一档的零售商。

凯马特想同时具备像沃尔玛那样的低价和像塔吉特那样的设计师产品[它有玛莎·斯图尔特(Martha Stewart)、乔·巴塞(Joe Boxer)和其他设计师]。

结果凯马特破产了。

在一个新兴行业的早期,你总能不断看到犯同一个错误的例子。企业争先恐后地要提供一些缺失的环节——昨天和明天之间的、便宜和昂贵之间的、时尚和耐用之间的、非主流和主流之间的、年轻和年老之间的。

它们的座右铭是:在两个世界中都是最好的。

警告:在两个世界中都是最好的,通常会终结在泥泞的中间地带。

第 10 章

管理派想要占据所有词汇
Management would like to own everything
营销派想要独占一个字眼
Marketing would like to own a word

一位记者这样问希尔顿的高级副总裁:"希尔顿到底是什么?"

这位负责品牌管理和市场的副总也承认:"人们并不总能清楚地解释这个问题。"但是他表示,希尔顿的品牌定位是明确的,"我们一直希望让人们因住在希尔顿而感到自豪,让他们感觉非常好,或者能让他们感觉到宾至如归。"

"我为我住在希尔顿而感到自豪?"这就是希尔顿?

这就是希尔顿酒店和凯悦(Hyatt)、万豪(Marriott)、欧姆尼(Omni)、丽笙(Radisson)、华美达(Ramada)、喜来登(Sheraton)、威斯汀(Westin)和温德姆(Wyndham)这些酒店之间的区别吗?

左脑分析型思维认为,"不要让消费者束缚在一个字眼或概念里,我们应该给消费者一个很好的体验,那么他们将很乐意成为我们的回头客"。

提供一次好的体验还不够

右脑思维的营销派想要一个简单的字眼就能概述这些体验,否则,就无法让品牌在消费者心智中形成认知。

通过试驾宝马,潜在顾客会说:"哇,这简直就是一台终极驾驶机器!"

什么才是营销的角色和职能呢?只是全面地给消费者一种感觉自豪的体验吗?这是酒店自身的角色和职能,也是管理者的角色所在。

当然,你会希望自己的产品能为人们提供美好的体验。如果做不到这一点,大多数营销策划将会失败。但是,除此之外还必须要做的是品牌定位。

希尔顿是什么?市场营销策划的职责就是尽量用一个简单的词汇来回答这个问题。

时代已经发生了变化。以前营销策划的目标就是让品牌声名远播。多年前,当品牌和广告都比较少时,这个营销战略还是奏效的。在每个品类的选择中,顾客更倾向于选择"知名"品牌,而不是那些不太知名的品牌。

例如，金宝汤（Campbell）、莫顿盐（Morton）、李施德林（Listerine）漱口水。

但今天，随着广告的蜂拥而至，每一个品类中都有很多个知名品牌。以牙膏为例，有高露洁（Colgate）、佳洁士（Crest）、家护（Aquafresh）、阿姆汉姆尔（Arm & Hammer）、曼塔定（Mentadent）、舒适达（Sensodyne）、林布兰（Rembrandt）、克劳斯普（Close-up）、特洁（Ultra Brite）和白速得（Pepsodent），这些品牌都是相对知名的品牌。

顾客会买什么品牌

品牌在心智中都有自己的"定位"：家护——"清新口气"；克劳斯普——"清新口气"的第二选择；阿姆汉姆尔——"小苏打"；曼塔定——"小苏打/过氧化物"；舒适达——"过敏性牙龈"；林布兰——"高端"牙膏；特洁——"洁白牙齿"；白速得特别受到年长消费群的欢迎，他们都还记得它曾是一个最畅销的牙膏品牌。

那么高露洁和佳洁士这两个领先品牌怎样？它们不仅仅是知名品牌，它们也被认知为牙膏品类中的"领先者"品牌。

在心智中，领先者无疑已经是最好的定位。当你的品牌被认知为是领先品牌时，消费者相信你有更好的产品或服务，并不一定是事实，但这就是认知。

到20世纪60年代为止，希尔顿是酒店行业里最负盛名的。现在正是时候来回答这个营销中最重要的问题——"希尔顿是什么"。

40年后，希尔顿仍然无法就这个最基本的问题给出一个令人满意的答案。

大品牌都是通过在心智中占据一个字眼或概念而建立起来的。

- Propel 是什么？健力水。
- 达美乐（Domino's）比萨是什么？外卖。
- 纯果乐（Tropicana）是什么？非浓缩饮料。
- 戴森电器（Dyson）是什么？吸力永不减弱的吸尘器。
- Quiznos 是什么？潜艇三明治。
- 卜派（Popeyes）是什么？辣鸡块。

然而令人吃惊的是，有太多管理人士无法理解这个简单品牌战略的力量。

凯洛格是什么

每一年《商业周刊》都会公布它对美国著名商学院的排名。排名的情况总会有上有下，但有五所学校始终列居前五：①西北大学凯洛格商学院（Northwestern's Kellogg），②芝加哥大学商学院（Chicago），③宾夕法尼亚大学沃顿商学院（Pennsylvania's Wharton），④斯坦福大学（Stanford），⑤美国哈佛大学（Harvard）。

那么，一般人对这五所学校有怎样的认知呢？问一问，也许你会得到以下五个答案：

- 凯洛格商学院：营销学
- 芝加哥大学商学院：定量分析学
- 沃顿商学院：金融学
- 斯坦福大学：高科技
- 哈佛大学：管理学

但是，有什么新发现吗？

新发现就是这些学校都并非擅其所长。哈佛和凯洛格一样是个营销学学院，而凯洛格也和哈佛一样是个管理学院。这些商学院都授以全面的商业课程。

如何让一个学校与市场营销专业联系起来，并借此使学校跻身顶级商学院之列？

机缘巧合。在凯洛格商学院有很多国际公认的营销学教授，其中最著名的就是菲利普·科特勒。

要在当今获得成功，你必须进入心智。要进入心智，你就需要潜在顾客的心智上有一处空间能容纳你的品牌。

但一般商学院的求学者对于这些学校的认知只停留在名字的层面。人们凭什么去记住这些商学院的名字呢？除非他能把这个学校与某个特征、某个所在地或其他相关的概念联系起来。

因此，求学者们积极查找各种线索，以找到合意的学校。西北大学凯洛格商学院只要一两次提及科特勒和他的成就，求学者们就如雷贯耳，认为凯洛格商学院正是一所营销学专业的学校。

另一方面，有少数商学院已经用一个词或概念非常成功地推销了自己。雷鸟商学院（Thunderbird，国际商务）和巴布森商学院（Babson，企业家商学院）就是其中的两个。

人们需要一些帮助来理清这些不同的名字和概念。看看这样或那样的排行榜单。《财富》500强、*Inc.*杂志全美发展速度最快的500强企业、《福布斯》400富豪榜、《纽约时报》最畅销图书排行榜、国际品牌100强（Interbrand 100）、大卫·莱特曼头十件想说的事（David Letterman's top ten）、Billboard音乐排行榜。

所有这些不同的榜单帮助人们将这些名字和概念在心智中形成一种简单的归类。

沃尔沃是什么

继大众在20世纪五六十年代取得成功后，许多欧洲进口车入侵美国市场，其中包括英国福特、菲亚特（Fiat）、海尔曼（Hilman）、欧宝（Opel）、标致、雷诺（Renault）、西姆卡（Simca）、凯旋（Triumph）、沃克斯豪尔（Vauxhall）和沃尔沃。

除了沃尔沃，这些品牌在市场上已经销声匿迹了。

沃尔沃是什么？安全的汽车，而其他品牌没有一个在购车族的心智上树立起一个代表性的认知。

更糟糕的是，它们甚至没有去尝试。管理层普遍认为顾客在购买像汽车这样的昂贵物品时会看重产品的多重益处，如优越的驾驶性能和舒适性、时尚的款式、强大的动力、高度的可靠性和低维修率、低油耗和低折旧率等。

这个设想十分符合逻辑，但它的问题出在执行上。你如何把所有这些想法都植入消费者的心智中？如果一家公司能够将品牌同一个词或一个概念联系起来，那么就已经很幸运了。

沃尔沃是幸运的。多亏了它发明的三点式座位安全带和其他安全装置，沃尔沃被普遍认为是安全的汽车。在美国汽车市场中，沃尔沃成为销量最大的欧洲豪华车，超过了奔驰、宝马、捷豹和其他品牌。

然后，沃尔沃开始偏离"安全"的概念，推出了跑车和敞篷车。它的广告也开始谈论性能和其他特征。沃尔沃的一位高级执行官最近表示："仅仅有安全概念是不够的。"

1992年，沃尔沃已经成为领先的豪华品牌，在美国市场的销售量为67 916辆；而同年宝马销售了65 691辆，奔驰销售了63 312辆。

今天，宝马和奔驰已经将沃尔沃远远地甩在了后面，这两个品牌在美国市场的销售量都远超沃尔沃两倍多。

分析型的管理思维认为，没有一个顾客会只因为车辆的安全而购买这辆汽车。但是，由于晕轮效应⊖，消费者的想法与管理派可不同。如果沃尔沃知道如何制造安全的汽车，它们也应该知道如何建立可信赖的、省油的、可靠的、持久耐用的汽车。

考虑全局的营销思维认为，一个事物（安全）会导向另一个。

联想是什么

联想是最具全球潜力的中国品牌，也是中国最大的个人计算机制造商。其前身联想集团有限公司，在2005年以17.5亿美元收购了IBM的个人计算机业务。

除了台式机和笔记本电脑，联想还生产显示器和存储驱动器以及一系列的工作站。公司还拥有IT服务业务。

目前，联想与中国台湾宏碁公司并列成为全球第三大的个人计算机制造商，其市场份额为6.7%（惠普排名第一，市场占有率为19.1%；戴尔位居第二，为15.2%）。

联想是如何在个人计算机行业中越爬越高呢？营销派会采取以下这三个步骤（管理派可能会否决这三个步骤）。

（1）聚焦产品线。有时候领先者虽然扩张了产品和服务，特别是拥有像通用电气或惠普这样强大的品牌名时，它们仍然能侥幸成功。

但是，联想算是一个强大的品牌吗？在中国也许是。

那么联想应该聚焦在哪里？这又是一个很容易做出的决定。目前笔记

⊖ 又称光环效应，它是一种影响人际知觉的因素。这种爱屋及乌的强烈知觉的品质或特点，就像月晕的光环一样，向周围弥漫、扩散，所以人们就形象地称这一心理效应为晕轮效应。——译者注

本电脑的销售已经超过了台式电脑。此外，更有理由相信台式电脑可能在将来的某天就被淘汰了。

联想应该放弃其台式机业务，聚焦于笔记本电脑。

（2）聚焦公司名称。Legend 是一个糟糕的名字，Lenovo（联想）是一个更糟糕的名字，听起来就像意大利甜点。

所幸的是它收购了 IBM，联想集团如获至宝——IBM 用于其笔记本电脑的名称"ThinkPad"。

联想应该将其名称改为 ThinkPad

ThinkPad 是一个与众不同的名称，而且这个名称能够传达很好的信息，那就是公司的聚焦——"笔记本"。

（3）聚焦 ThinkPad 的品牌属性。要建立一个品牌，需要在潜在顾客的心智中形成一种代表性的认知，那么 ThinkPad 应该代表什么呢？

和台式机相比，笔记本电脑的弱势在哪里？是电池的寿命。

台式机可以一天 24 小时保持通电。笔记本电脑的一块电池充一次电仅够维持 2～3 个小时的待机时间。

我们将重新设计整个 ThinkPad 产品线，使电池寿命达到原来的两倍，但这意味着机身重量将增加（可谓此消彼长）。另一方面，由于电池变得更耐用，机身加重的缺点就会被忽略。

但愿新的 ThinkPad 公司能生产只需要一次充电就能"持续运行一天"的笔记本电脑。

这就意味着公司职员可以一整天使用笔记本电脑也不需要外接充电。在结束一天工作时，可再对笔记本电脑进行充电，为第二天做准备。

宣传标语：ThinkPad——能持续运行一整天的笔记本电脑。

戴尔最近推出了 Latitude E6400，并声称电池寿命长达"接近 19 个小时"，所以可以持续运行一整天的笔记本电脑也不难产生。

无论如何，一个是戴尔正在做的全天运行的模式，另一个是我们认为联想应该做的全线生产全天运行的模式，此两者之间的营销在很大程度上还是不同的。不同之处正如早期艾莫瑞空运公司和联邦快递之间的差异。

联想目前的成功，正是由于它可以在中国生产以降低成本。但是，随着中国经济的发展和工人工资水平的提高，这种优势正在慢慢消失。

当这种优势还在的时候，联想有机会建立一个代表着与众不同的全球性品牌。

沃尔玛是什么

几年前，沃尔玛的广告代理方 CEO 被问及："你认为沃尔玛的独特销售主张（USP）是什么？"

这位 CEO 毫不犹豫地回答说："价值、忠诚和质量。"

[这个答案会让"独特销售主张论"（"unique selling proposition"）的创始人罗瑟·里夫斯（Rosser Reeves）大惊失色的。]

价值、忠诚和质量？这些字眼在美国任何一个小镇上的夫妻店都能看到。

在沃尔玛卖场的外围，我们总能看到"我们的售价更低"之类的广告牌。在每个广告中都会出现"天天低价"。

沃尔玛在顾客心智中的字眼是什么？不是价值、忠诚和质量，而是"便宜"。这个字眼并不坏，它使沃尔玛成为全球最大的零售商。

人人都会对"便宜"感兴趣吗？不。而这也正是"便宜"作为一个心智中的字眼的优势所在。对人人都有吸引力的字眼或词汇在营销中是不会发挥作用的。

价值、忠诚和质量？面对这些词，还有谁能要求更多呢？

也许你已经知道了,沃尔玛有了一个新的宣传标语:"更省钱、更优质的生活。"一个伟大的营销口号("天天低价")又一次被陈词滥调取代了。

看看希尔顿的姊妹店——希尔顿花园酒店。希尔顿花园酒店是什么?它的广告标语说:"我们为您提供您所需要的任何东西。"(Everything. Right where you need it.)

当你想要"任何东西"时,你通常什么也得不到。

另一方面,类似于"任何东西"的诉求听起来总是很激动人心。与多家广告代理商共事的经验告诉我们,这些激动人心的点子比简洁而一语中的的概念更容易被管理派接受。

大使套房酒店是什么

1983年我们为假日酒店提供咨询服务,我们的客户决定涉足全套房式酒店业务,他们选择的品牌名字是"大使套房"。

那时,它在全套房酒店行业只有两个主要的竞争对手,皇家格拉纳达(Granada Royale)拥有20家酒店并主要集中在西部,Guest Quarters拥有8家分店,主要在东部。

在给大使套房酒店管理层的演讲当中,我们指出了以下两点。

(1)第一个进入心智的全套房酒店品牌会成为这个品类的领导者,并且能更快地主导这个品类。要想快速主导品类,我们建议收购在这个品类中最大的连锁酒店品牌,就是皇家格拉纳达酒店,再把名字改成大使套房酒店。

他们后来照做了。

(2)酒店标准套房被普遍认为是昂贵的,在全套房酒店推出之前就是如此。换言之,大使套房酒店的价格应该更为合理,不能比一般的酒店贵。

而且套房的最大好处就是有独立的卧室和书房。因此，我们建议它的宣传口号就是"大使套房：一个房间的价格，两个房间的享受"。

他们没有这样做。

管理派认为我们的广告语过于简单并缺乏创意。他们之后找了另外一家广告公司，这家公司用了加菲猫，"你不必非要成为一只肥猫才能享受套房生活"。

大使套房成为一个很成功的品牌，这多亏它早期在套房品类的领导地位。但是它失去了将竞争对手（传统的单房间酒店）重新定位为过于昂贵的机会。

"一个房间的价格，两个房间的享受"，这即便在今天也是很吸引人的（全套房酒店从未实现我们曾经预期它可以达到的支配性地位。现在更多的人选择住在单间酒店而不是套房酒店）。

当然，今天加菲猫已经"结账"离开了大使套房酒店很久了。⊖

⊖ 大使套房在很久前就已经停止使用加菲猫作为宣传形象了。——译者注

第11章

管理派使用抽象的语言
Management deals in verbal abstractions
营销派使用直观的视觉
Marketing deals in visual hammers

语言思维导向的左脑经理们钟爱抽象元素。例如："你不必非要成为一只肥猫才能享受套房生活。"

"肥猫"当然是指收入过高的企业执行官,"套房生活"则是"幸福生活"的别称罢了。

口号听起来很不错,但是却毁了大使套房酒店的视觉潜力。于是它们只能用加菲猫来与这个蹩脚的创意匹配。

视觉思维导向的右脑营销派想要更加直白的表达,就像"用一个房间的价格享受两个房间的服务"。这个主意立刻就能吸引人们的注意,直观得如同能亲眼所见。

UPS 是什么

联合包裹服务公司(UPS)的一位高级经理询问里斯对于公司新商标的看法。

里斯说:"我喜欢这个商标,但是 UPS 需要的是一个激励概念或战斗口号,类似'UPS 比全球任何其他包裹递送公司在更多地方向更多人递送更多包裹'。"

"UPS 从事的不是包裹递送业。"这位高级经理说。

"哈。对我来说这很奇怪。作为顾客,我们总认为 UPS 是在从事包裹递送业务。"

"不,UPS 是在从事物流业务。"

他不是在开玩笑,UPS 正在重新油漆它的 88 000 辆汽车,打上新主题"与世界商业同步"。

(听上去像是 UPS 要考虑进入钟表业。)

左脑思维的经理们是语言导向的,有时甚至有些过度。他们总是在修饰自己的语言直到一些词汇已经偏离了所要表达的本意。

"与世界商业同步。"对一般顾客来说这意味着什么？

右脑思维的营销派是视觉导向的。当然，他们也要与文字打交道，因为营销策划的最终目标是要在心智中占据一个词汇，但是他们会选用简单而直观的词来表达。

金融服务公司是什么

这会是个有趣的问题，如果语言抽象的问题还没有成为营销的一个严重阻碍。很多公司都想把自己界定为"金融服务公司"。

但是顾客是如何看待这个情况的呢？

- 如果想要购买银行服务，他们会去像美国银行（Bank of America）那样的银行。
- 如果想要购买保险，他们会去像国家农场保险（State Farm）那样的保险公司。
- 如果想要购买股票、债券或共同基金，他们会去美林证券（Merrill Lynch）那样的经纪公司——现在是美国银行的一个分支。

"我们去金融服务公司获取金融服务"不是人们说话的方式。人们用具有针对性的特殊词语交谈，而不是概括性的语言。

1998年，远见卓识的桑迪·威尔（Sandy Weill）揭开了花旗集团的面纱——世界上有史以来最大的金融服务公司。这个由巨型并购而来的集团结合了投资银行、商业银行、保险和基金管理业务。

《纽约时报》报道说："10年以后，威尔先生当年具有转折意义的合并交易已经被认为是史上最糟糕的并购案之一。"10年之后，花旗集团的股市市值为每股24.02美元，比交易完成那天下跌了将近10美元（如今，它的市值每股只有9.64美元了）。

你可能会想，花旗集团遭遇的灾难会让其他银行引以为鉴。并非如此。接下来是美国银行，在2008年收购了美国国家金融服务公司（Countrywide Financial）和美林证券公司，前者因发放次级贷款而陷入困境，后者是全美国最大的经纪公司。还有一些类似的并购企业和美国银行一样，都以为自己正走在通向全球金融服务公司的光明大道上。

你能看到这其中的问题。对于想要建立世界上最大的金融服务公司的语言思维导向的执行官来说，这是很有意义的。

但是你如何将一个像"金融服务"这样的概念直观化呢？

视觉形象像"锤子"

建立一个品牌，你需要一个钉子和一把锤子。语言表达就是那个钉子，而视觉形象就是那把锤子。要建立一个强大的品牌二者缺一不可。

一个简单的语言表达和一个独特的视觉形象巧妙结合能产生强大的力量，万宝路就是有力的证明，1953年在美国市场上推出以来，万宝路最终成为全球销量最大的香烟品牌。

哇！万宝路牛仔一定是一个非常有效的视觉形象。

不完全对。这不是营销工作的方式，万宝路牛仔只是一把"锤子"。

那么，牛仔想要锤什么呢？

在万宝路推出的时候，所有的香烟品牌都用了"男女皆宜"战略，将男性和女性作为自己的目标消费者。所有的香烟广告画面上也有男有女。

对左脑逻辑思维的管理派来说，这完全合情合理。烟草公司指出它们的未来取决于挖掘和男性消费群同样庞大的女性消费群（它们几乎要达到目标了，今天美国的烟草消费者中有 22% 是成年女性，有 28% 是成年男性）。

万宝路被认为是"阳刚"的香烟品牌，它是第一个聚焦于男性消费者的烟草品牌（55 年以来，万宝路的广告中从未出现过女性）。

"阳刚"正是牛仔这把锤子要钉进消费者心智的语言表达，是两者的结合树立了万宝路在烟草品类中的领先者地位。

有趣的是，万宝路也成为美国女式香烟的第一品牌。为什么？因为很多女性认为抽烟是"阳刚"的象征。抽万宝路香烟能表现出她们好胜、强势等阳刚的气质。

右脑思维的营销派很少脱离可能的视觉形象、单独考虑语言的表达。左脑思维的管理派则相反，他们经常会选择一些抽象的概念，例如"质量""优质服务"或"可靠的性能"。

但是没有什么视觉形象能把这类抽象的语言概念具体化，像锤子一样敲进顾客的心智中。

视觉这把锤子只有在遇到尽可能简单、直白、明确的语言表达时，才能发挥最好的作用。例如，吉列首先推出的三层刀片剃须刀（锋速 3）和五层刀片剃须刀（Fusion）。

但是"钉子"，或者说语言表达上的决策，通常都没有考虑到潜在的"锤子"，也就是视觉形象的决策。

如果你找不到视觉形象工具作为锤子，把你的语言表达这个钉子敲进顾客的心智中，那么你的战略就会失败。

自由选择的锤子

这条常规也会有例外。当你的品牌是新品类中的第一个品牌时，几乎任何视觉元素都能成为有效的"锤子"。

例如，老式的可乐瓶已经成为全世界认可的一个视觉符号。当领先者可口可乐伴生着可乐这个品类创造了这一符号之后，第二个或第三个品牌就没那么幸运了。

与百事可乐相关的视觉符号是什么？事实上，没有。

梅赛德斯－奔驰作为第一个汽车品牌，创造了三叉星这一标识，并在全世界都与"声望"这一认知联系起来。没有人会反对梅赛德斯把这个一英尺高的标识放在汽车的前栅上。

第一款专业运动鞋——耐克创造了勾子（Swoosh）的标识，尽管缺乏视觉上的冲击力，但耐克的勾子还是闻名全球。为什么？因为这个勾子和耐克在运动鞋品类中的领先地位联系在一起。

（可没人想自夸穿了一双第二品牌的鞋子。）

麦当劳是第一个汉堡连锁店品牌，创造了金色拱门的M标识。这一标识也拥有巨大的认知度，成为又一个"锤子"。

劳力士是第一款奢侈手表，也创造了一个"锤子"（独特的表带），并被竞争对手竞相模仿（这不会对劳力士构成威胁，只会让其他品牌看起来像是"仿造的劳力士"）。

视觉锤对高端时尚产品总是特别有效。它会使你在朋友和亲戚面前显得非常明智（或者愚钝）。例如拉夫·劳伦（Ralph Lauren）服装的标识就是一个马球运动员。

超级昂贵的路易威登（Louis Vuitton）手提包有一个独特的字母重叠标识，人们远在20英尺之外就能认出这个品牌。

在某些圈子中，路易威登手提包是女性的必备之一。例如，在东京，超过90%的20～30岁的女性都有一个LV包。如果手提包本身不是那么出名，销售量也不会那么高了。

当然，如果LV拥有90%的日本城市年轻女性顾客，那么第二品牌

（无论是什么）的市场份额还能好到哪里去呢。

当你的品牌是新品类中的第一个品牌，并且伴随这个品牌一起创造了一个鲜明的视觉形象时，你甚至能获得垄断性的地位。

"培养并激励人类精神"

数年前，星巴克的管理层邀请管理界的大师帮忙界定它"宽泛、大胆又冒险的目标"。

这家公司从管理层队伍中抽调了很多人参与到这个项目中来。前任执行官告诉我们，他们最后得出的表述"指引我们前行，成为我们的依靠，激励我们直到今天"。

这个表述就是："成为世界上最著名、最受尊敬的企业之一，培养并激励人类精神。"

这用来形容美利坚合众国可能更合适一些，但并不适合一家卖咖啡的公司。

对员工来说，这仅仅是管理层的说辞，他们并不会在意。当企业家霍华德·舒尔茨重新掌管这家已经走入迷途的公司时，他立刻聚焦于"咖啡"。

"星巴克将回归于咖啡豆时代"成为《今日美国》上的标题。舒尔茨先生说："从口感到光临星巴克的体验都会有根本的改变。在我们星巴克洒出的咖啡都会比其他咖啡店售出的多。盘子上的咖啡杯里永远都是最新鲜的咖啡。"

左脑思维的管理派谈论的是"培养并激励人类精神"，右脑思维的营销派谈论的只是"咖啡"。

我们认为，像霍华德·舒尔茨、史蒂夫·乔布斯（苹果公司前CEO）、杰夫·贝索斯（Jeff Bezos，亚马逊CEO）、史蒂夫·凯斯（Steve Case，最大互联网公司 AOL 创始人）、迈克尔·戴尔（Michael Dell，戴尔公司创始人）和迪特里奇·马特基茨（红牛品牌创始人）这些企业家正是右脑营销派思维类型的。

然而当企业发展起来了，企业家们又会走进管理派模式，让他们那些左脑思维的下属来接管。

"我们被抢劫了，快打电话给执法部门官员。"

这可不是一句好台词。一般人会说："我们被抢劫了，快报警。"

不幸的是，左脑思维的管理派不是一般人，他们常常把右脑思维的营销派不断修缮后的语言复杂化。一句话的表述不仅要做到没有触犯政治性错误，而且要足够长、足够复杂。

- 维修工现在被称为"机械设备师"
- 门卫现在被称为"监管工程师"
- 商业战略现在被称为"商业模式"
- 会计师事务所现在被称为"专业服务公司"
- 采购部门现在被称为"物资技术供应部门"
- 人事部门现在被称为"人际关系部门"

在电子数据系统公司（Electronic Data Systems），人际关系部门又升了一级，变为更抽象的"领导和变更管理"部门。

明确 vs. 笼统

人人都知道药店里除了出售药品，还卖很多其他的产品，例如卫生间用品、化妆品、学校用品、明信片、杂志、糖果、软饮料、小吃、信纸和照相用品等。

药店要更名为"个人用品商店"吗?我们可不这么认为。

在生活的每个方面,消费者都喜欢简短而明确的词语,胜过宽泛而笼统的词语。此外,消费者在意识中会赋予这个明确的词语一个更加宽泛的意思。

- 加油站不是只卖汽油
- 咖啡店不是只卖咖啡
- 牛排馆不是只卖牛排
- 汉堡王不是只卖汉堡
- 红龙虾餐馆(Red Lobster)不是只卖龙虾

汉堡王应该把名字改成"快餐王"吗?红龙虾餐馆要改成"红海鲜"餐馆吗?

在每个例子中,明确的词语都比笼统的词语富有诗意且容易被人们记住。

明确用词的视觉优势

消费者都知道手提箱(suitcase)除了装西装(suit)之外,本来就是用来装更多东西的。那为什么手提箱的名字不是"衣箱"(clothing case)呢?

一个更明确的用词能够使它更简单地与一个视觉形象联系起来。你能很容易地直观联想到"西装",但是要把"衣服"这个概念直观化就难得多了。

一个简单的用词加上一个视觉形象比一个复杂的用词加上一个视觉形象更易进入人们的心智。

汉堡王和红龙虾都是很好的名字,因为"汉堡"比"快餐"直观,"龙虾"比"海鲜"直观。

"终极驾驶机器"是一个伟大的标语,因为它将驾驶宝马的快感相对直观地表达出来。

"前进"是一个非常糟糕的标语,丰田车无法把这个概念直观地表现出来。这是典型的管理层交谈方式,"我们永不停止,我们时刻前进,追求汽车的最高成就"。

通用电气的第三个业务是它自称的"基础设施"分部。对"基础设施"这一概念,一般人能有什么想法呢?有没有什么方法能把基础设施这类复杂的概念直观化呢?

历史频道(History Channel)最近更名为"历史"。当一个员工被问及"你在哪里工作"一个这么普通的问题时,他该如何回答?

难道回答说"在历史"吗?

"市场"是什么

波士顿炸鸡(Boston Chicken)刚开张时曾轰动一时,它是第一家聚焦于烤鸡熟食外卖的快餐连锁店。

但是随后它的菜单上增加了火鸡、肉面包、火腿和其他食物,并改名为"波士顿市场"(Boston Market)。

人人都知道鸡肉餐是什么,但是"市场"餐是什么呢?难怪这家公司破产了。"烤鸡"很直观,"市场"可不是。

再举个例子。"广告"很容易直观化,但是你如何让"营销"也直观化?

你可能知道很多著名的广告公司,但是你知道有多少家著名的"营销"公司?说一家出来。

右脑思维的营销派知道他们要尽可能用最明确的词来描述一个品牌或品类,于是他们能找到有效的视觉锤。

要是能用上述的方法让管理派明白这一点就好了。

第12章

管理派偏好单品牌
Management prefers a single brand
营销派偏好多品牌
Marketing prefers multiple brands

从字面来看，管理派在这一回合里可以赢得易如反掌了。在一个信息过度的社会中，为什么不把你所有的销售和营销资源放在某个单一的品牌背后呢？

一些成功的企业就是这么做的，如通用电气、IBM、微软等。

然而，这些企业在试图将家喻户晓的名字用在一个脱离于核心业务的新产品或新服务上时，遭受了不小的损失。

- 通用电气和主机计算机
- IBM 和个人电脑
- 微软和互联网搜索

另一方面，很多获得了巨大成功的企业在使用多重品牌——宝洁就是一个典型的例子。

世界上最伟大的营销机器

在最近的几十年中，宝洁成功树立了很多品牌，包括维克斯（Vicks，旗下感冒药品牌）、玉兰油（Oil of Olay）、潘婷（Pantene）、封面女郎（Cover Girl，旗下化妆品品牌）、Noxzema（旗下护肤品品牌）、克莱里奥（Clarion，旗下化妆品品牌）、Old Spice（旗下除体臭剂品牌）、Max Factor（旗下化妆品品牌）、Giorgio（旗下香水品牌）、Baby Fresh（旗下婴儿尿片品牌）、丹碧丝（Tampax，旗下卫生棉条品牌）、爱慕思（Iams，旗下宠物食品品牌）、Spinbrush（旗下电动牙刷品牌）、伊卡璐（Clairol）、威娜（Wella，旗下美发产品品牌）和 Glide（旗下牙线品牌）。

看到这些品牌名，你或许会略有质疑。Glide 不是宝洁从美国葛尔公司（W. L. Gore）收购来的吗？而威娜不是它从一家德国公司那里收购来的吗？

没错。确实是这样。事实上，上述 16 个品牌都是宝洁收购回来并重新以宝洁旗下品牌的身份推出的。

这正是绝大多数大企业的所为，它们不会自己推出自己的品牌，而是从其他企业那里收购，有时甚至出价不菲。在威娜收购案上，有报道称宝洁花费了 65 亿欧元。

2005 年宝洁以 570 亿美元购入吉列公司股份，收购了吉列、金霸王、布朗和欧乐 –B 品牌。

我们对宝洁的营销团队致以崇高的敬意。在很多书籍和文章中，我们也对它们的多品牌战略予以了肯定，尤其值得指出的是它们推出了佳洁士牙膏和斯科普漱口水。

为何宝洁不推出自己的品牌

宝洁有着雄厚的财政实力和出色的营销团队，为什么它还要去收购品牌呢？

与多家大型企业合作之后，我们发现，要说服管理派推出一个新品牌是很难的。

一般情况下，管理派总是抱着"等等看"的心态等待市场发展成熟，或者想在公司既有品牌的基础上做产品线的延伸。

宝洁最近的主打品牌是在 2001 年推出的佳洁士净白牙贴（Crest Whitestrips）。即使在当时，公司也没有勇气用一个全新的名字来命名这个新产品。尽管这个新品和牙膏没有任何关系，宝洁公司还是把佳洁士的名字放在了牙贴身上。

为什么？市场调查结果显示，如果把佳洁士的名字放在牙贴的包装上会比一个全新的名字更令消费者对产品抱有信心。

左脑思维的管理派相信市场调查，而右脑思维的营销派则不会。当你通过调查去比对一个已经被大众所接受的名字（例如佳洁士）和一个不为人知的名字时，那个广为人知的名字总会占上风（试想谷歌在推出自己的网站之前调查过谷歌这个名字，情况会是如何）。

大企业不会推出"谷歌式"的名字，因为测试的结果不好。但是也许你会想，"这些名字调查工作不是负责营销的人做的吗？"

当然是他们做的，但是总体而言，他们做这些工作是因为他们知道管理派不会赞同在没有任何调查的基础上就推出一个新品牌。而新名字的测试结果总是不好，于是公司就开始延伸产品线。

新品牌的大杀手

最近宝洁公司推出一系列高端咖啡，启用了新名字：佛吉斯美食家精选（Folgers Gourmet Selections）。

几年前，如果他们对像星巴克这一类独特的品牌名字和佛吉斯做过测试，我们认为佛吉斯会是大赢家。

在迪特里奇·马特基茨推出红牛之前，他也对这个品牌名字和概念做了测试，"人们不相信这个口味、这个标识，也不相信这个品牌名字。这是我此前从未遭遇过的灾难"。

但是马特基茨先生还是推出了红牛这个品牌，这是右脑思维的企业家会做的事，却不是大部分公司会做的事。

很少有大公司会使用像雅虎、亚马逊、黄尾（Yellow Tail）、卡路驰（Crocs）、灰雁、苹果和黑莓这一类独特、与众不同甚至罕见的品牌名。独特的、与众不同的，甚至罕见的品牌名在测试中的结果并不好。

并非只有在宝洁公司的那些左脑思维者才犯这类错误，绝大多数的大公司都是这么做的。结果，它们热衷于收购品牌，而不是树立一个新品牌。

例如，百事可乐收购了激浪（Mountain Dew）和佳得乐，却没有建立它自己的含咖啡因的柑橘类饮料和运动饮料。

[事实上，百事可乐曾经推出过运动饮料品牌——全运动（All Sport），最终一事无成，问题就在于公司晚了27年才进入市场。佳得乐推出于1967年，而全运动和可口可乐公司的动乐（Powerade）直到1994年才面市。]

你无法与一个27年前就已经推出的品牌竞争，并试图建立主导性地位。所以百事可乐花费了130亿美元，收购了佳得乐品牌和其原属企业——桂格公司（Quaker Oats）。

软饮料中的"宝洁"

那就是可口可乐。但是在建立品牌方面，它比宝洁也好不到哪儿去。

可口可乐错失了主导含咖啡因的柑橘饮料品类的机会（被激浪抢先了），于是它试图用美乐耶乐（Mello Yello）品牌介入这场竞争，但效果不佳。它又推出了Surge品牌，同样无济于事。

可口可乐错失了主导辣味可乐品类的机会（被胡椒博士抢先了），于是它试图用Mr.Pibb加入竞争，结果以失败告终。

当然，可口可乐也错失了主导运动饮料品类的机会（被佳得乐抢先了）和主导能量饮料品类的机会（被红牛抢先了）。

可口可乐公司最近推出的新品牌是1961年的雪碧（Sprite）。但是直到1989年，雪碧才超越了七喜（7UP）成为销量第一的柠檬味碳酸饮料。

雪碧营销胜利的其中一个原因是：可口可乐依靠它的瓶子打败了七喜，并用雪碧把它取代了。

何时推出一个新品牌

当时尚或技术发生变化时，一个既有品牌无论对于品类的主导性有多强，都会面临选择。

既有品牌应该做自我变动以迎合新的时尚或技术吗？还是应该由公司来推出一个新品牌？

如果这个变化的意义重大，那么更好的答案总是"推出一个新品牌"。

- 在工作场合流行起来的休闲服饰使得李维斯（Levi's）推出了多克斯品牌（Dockers），其后成为一个价值数十亿美元的全球品牌。
- 梅赛德斯－奔驰和宝马的成功使得丰田汽车推出了雷克萨斯，其后成为美国销量最大的豪华汽车。
- 一个日本的专业器械工具品牌牧田（Makita）的成功使得百得公司（Black & Decker）推出了得伟品牌（DeWalt），其后成为器械工具品类中的主导性的美国品牌。
- 好市多的成功使得沃尔玛推出了山姆会员店（Sam's Club），其后赶上了该品类的领先者，两者并驾齐驱。

推出第二品牌的成功案例就很少了。尤其是大部分企业都倾向于扩展它们的核心品牌以覆盖一个新兴品类，但最后总是成绩平平。

这里有几个例子：

- IBM未能将其在服务器领域的主导地位扩张到个人计算机领域。
- 施乐未能将其在复印机领域的主导地位扩张到计算机领域。
- 宝丽来未能将其品牌带领出即时成像品类。
- 柯达未能将其在胶片领域取得的成功复制到数码成像领域。

在我们看来，上述每一个案例都需要一个新的品牌名。但是这四大公司都试图将它们各自既有的品牌延伸到新品类中去。矛盾的是，既有品牌的力量越强大，延伸成功的可能性就越小。

为什么相对于一个力量微弱的品牌，移动一个力量强大的品牌更加困难？因为这直接与人们的心智有关。强大的品牌名字在心智的地位是非常牢固的，虚弱的品牌则不然。

（但延伸一个虚弱的品牌通常是没什么意义的。）

品牌延伸的高昂代价

避开启用第二品牌的公司最终总是要付出高昂的代价。最近因未能推出第二品牌而损失惨重的两大受害者就是维萨公司和万事达公司。迄今为止，这两家信用卡公司已经为此花费了30亿美元，可能还有更多糟糕的金融新闻会接踵而来。

几年前，这两大信用卡巨头决定涉足借记卡业务。恐怕没有什么行业能比信用卡和借记卡这两大行业竞争更为激烈的了。信用卡是借记卡的大敌，反之亦然。

维萨和万事达公司做了什么？它们把相同的品牌名字同时放在两种卡上——维萨信用卡和维萨借记卡。万事达也如此。

为了协调这个问题，两家公司都要求合作的零售商提供双卡通用的服务。换句话说，如果一个零售商支持维萨信用卡支付业务，它就必须同时支持维萨借记卡支付。

这两家公司把借记卡支付管理放在与信用卡支付管理相同的签名认证系统之下，零售商因此需要支付的手续费是顾客使用以个人密码或PIN码认证系统为基础Star、Pulse或者NYCE的其中一个借记卡网络而产生的手续费的 5 ~ 10 倍。

在历史上最大的反垄断运动中，维萨和万事达两家公司分别同意向以沃尔玛为首的零售商组织支付 20 亿美元和 10 亿美元。这个零售商组织提出的观点是：双卡通用是非法的捆绑搭卖。

信用卡巨头们为什么不推出借记卡品牌？

维萨公司的一位执行官说，这是一个鸡和蛋的问题。维萨本应从一开始就推出一个全新的品牌，一个任何银行或者商业机构都没有操作过的品牌。（高层们在想）"但是你（别人）为什么不这么做？"

当然，那是一种分析型思维。但是营销派从直觉上就知道一个不同的品类需要一个不同的品牌。

万事达的第二品牌战略

事实上，万事达曾经推出过基于 PIN 码的借记卡，叫作万事顺（Maestro）（并不是一个世界级的名字）。但是万事顺输给了维萨签名借记卡。于是万事达公司反其道而行之，走上了品牌延伸之路。

真是糟糕。如果万事达公司对它的战略多一点点信心，如今它拥有的价值会再高上几十亿美元，并且在以 PIN 码为基础的借记卡领域中遥遥领先于维萨。

和很多营销问题一样，借记卡的情况很复杂。你如何设计一个产品使得和这个产品有关的顾客、零售商、银行和银行卡网络自身这些所有的方方面面都受益？这并非易事。

在此就可以突显出右脑概念型思维的优势。品类发展的趋势是分化，而不是融合。也许你不知道如何分化、何时何地会分化，但是你能肯定的是终有一天分化是会发生的。

信用卡和借记卡是两个品类，并且区别会越来越明显，就此一个企业是做不了什么的。试图将两者放在同一个品牌名下只是徒劳无益的行为。

绝不要反趋势而行。随着时间的发展，总会有新品牌的空间。如果你不推出一个第二品牌，你的某个竞争对手一定会推出。

当新品牌的机遇来临时，为什么大企业的左脑思维者们总是错过？这里有三个原因。

1. 用广告造势来推出品牌

大公司的管理派一般都是用大量的广告预算来推出一个新品牌。然而一个成功的新品牌通常是在一个新品类中建立起来的，发展的过程要花上几年的时间。

这也是为什么成功的新品牌总是慢慢起步的原因，它们使用最基本的公关策略：星巴克、谷歌、易趣网、Airborne（一种维生素药）和《查格士》（*Zagat's*，美国餐饮评级手册）等都是如此。

这些品牌和很多其他的品牌都是由那些耐心的企业家推出的，他们坚持在一个领域中，直到市场发展成熟。

任何注意过红牛早期发展情况的大公司都会说："那里没有市场，我们无法支付庞大但又必要的广告预算费用去推出一个能量饮料品牌。"

等到市场发展成熟之时，对于跟风品牌来说为时已晚。

2. 经调查研究决定的命名

你无法通过一个延伸的品牌名来创造一个新品类。无一例外地，新品类都是被那些专门为这个品类而创造的新品牌主导的。在能量饮料品类中占主导地位的是红牛，而不是 AriZona Extreme Energy；在运动饮料品类中占主导地位的是能量棒（PowerBar），而不是佳得乐能量棒；在网络购书品类中占主导地位的是亚马逊，而不是巴诺网络书店（Barnes & Noble.com）；在复印机品类中占主导地位的是施乐，而不是IBM；在个人电脑品类中占主导地位的是戴尔，而不是IBM个人计算机。

从营销的历史可以清晰地看到，最后成功的总是新品牌名，而不是那些延伸的既有品牌。为什么企业还是坚持要走品牌延伸之路？

调查。

当问他更喜欢哪个品牌名时，一般顾客都会选择自己熟悉的那一个。

超级丰田还是雷克萨斯？答案总是超级丰田。在雷克萨斯推出之前，有谁听说过这个名字呢？

（也许丰田忘记去给雷克萨斯这个名字做调查，或许它最终决定忽略调查结果。）

3. 宽泛的分销计划

投入了大量的广告预算费用来推出一个新品牌，就需要宽泛的分销渠道来出售新产品以获得经济上的收益。所以企业用折扣、买一赠一、免费商品和支付上架费用等来加大销售。

根据这个计划，一些奇怪的现象出现了。新品牌的起步缓慢，用原价出售时的销量很小，大部分新产品推出就注定失败。

（最近的尼尔森BASES和安永华明会计师事务所的调查报告显示，在美国，新推出的消费品失败率为95%，在欧洲，新推出的消费品失败率为90%。）

一个比较好的分销策划是从狭窄的分销渠道开始，通常是单一的销售渠道。查理·萧（Charles Shaw）的"两元恰克"（Two-Buck Chuck）就是从加利福尼亚州这一地区的一个连锁超市（Trader Joe's）销售开始的，其后成为成长最快的餐桌葡萄酒品牌。

Newman's Own沙拉酱刚推出时仅在一个超市出售（位于康涅狄格州诺

瓦克地区的 Stew Leonard's 超市）。在最初的两个星期中，就售出了 1 万瓶 Newman's Own 沙拉酱。

在狭窄的分销渠道中，你可以安排策划特殊的陈列和宣传活动，这有助于你的品牌取得长期成功。

多品牌战略并非人人适用

在我们以往的咨询工作中，我们发现大多数大型企业都十分抗拒推出新品牌的提议。

另一方面，大部分小公司看起来都急于推出第二甚至第三品牌，它们似乎认为多几匹马参加赛马比赛，胜算就更大。

事实并非如此。一家小公司需要把它所有的资源（尤其是管理层的时间）都放在一个单一的产品或服务上，尽管它不得不时常放弃一些很好的想法。

一家小公司在竞争中是很容易受挫的。打败对手的方法是使得你的品牌越来越强大，并主导它所在的品类。

接下来你就能推出一个第二品牌了。

第13章

管理派重视好点子
Management values cleverness

营销派重视可信度
Marketing values credentials

"有哪些促进营销的好方法?"杰克·韦尔奇和他的妻子苏茜在《商业周刊》的专栏里对这个问题做了回答。

他们指出"说到世界职业棒球大赛(World Series),不得不提到两次活动。第一次是在波士顿的零售商 Jordan's,它承诺如果红袜队(Red Sox)在10月的赛季中获胜,所有在4月售出的家具将免费送出。"(它们照做了。)

"第二次,塔可钟(Taco Bell)承诺,如果在决赛中有一次成功的盗垒就分发一个玉米卷给大家。"(事实也的确如此。)

"当想法得以实施之后,"韦尔奇夫妇指出,"一个聪明的点子可以带来很大的收益。"

免费家具和玉米卷可能会给管理派留下深刻的印象,但大多数的营销派会嘲笑这种想法。营销与好点子无关,营销关乎的是连贯性和可信度。

一个有效的营销者

令人混淆的是,媒体会把失败的 CEO 们归为"营销类型"。下面是媒体在卡莉·菲奥莉娜(Carly Fiorina)被惠普解雇后对她的一些描述:

- 一个圆滑的营销者。——《今日美国》
- 一个高效的营销怪杰。——《美国新闻周刊》
- 因高调营销事件而闻名的销售怪才。——《商业周刊》
- 卡莉试图将营销文化强加在一个有着深厚工业文化底蕴的公司上。——《纽约时报》

我们可以确定的是,菲奥莉娜女士在成为惠普高管前几乎没有或根本没有任何市场营销的经验。显然她的光芒来自那些编辑确信她是一个营销人才。

有个例子能证实她是营销盲。2003 年的一天，她在一个非常正式的新闻发布会上大力介绍了 158 个新产品。

史蒂夫·乔布斯会将 iPod、iPhone 和 156 个其他的新产品在同一个新闻发布会上介绍推出吗？正确的营销思维是一次只推出一种新产品。一个独立的品牌可以出名，但同时推出一堆却很难。

菲奥莉娜女士总结道："合并最终会使惠普在其所有的业务中处于市场的领导地位。"全国的营销专家是如何谈论合并问题的？只有 CEO 和投资银行家们才会这样做。

她是一个有效的营销工作者吗？我们更欣赏西德尼·弗兰克（Sidney Frank）在其 77 岁时推出灰雁伏特加所做的营销策划。

还有约翰·施耐德（John Schnatter）。他 20 岁出头就开始在印第安纳州的杰斐逊维尔地区出售比萨饼。他和他的父亲共有一个酒吧，他将酒吧里的清洁间拆除，腾出空间放了一个馅饼烤炉。10 年后，他的公司上市成为如今的"棒！约翰"。

另外还有盖瑞·海文（Gary Heavin）。他在 1995 年出售了第一个可尔丝健身房（Curves）的专营权，现在他拥有 8 000 家专营连锁店和超过 10 亿美元的年收入。

卡莉·菲奥莉娜拥有热情、活力和动力。如果她身后有一个营销专家能替她谋划策略，也许她可以是惠普的一位很好的 CEO。

关于营销，没有什么显得有效。如果听起来"有效"，它很可能是错的。

"地球的灵魂"

在此前出版的《广告的没落　公关的崛起》一书里，我们讨论了危地马拉的国家定位。自那时以来，危地马拉启用新的旅游战略，其主题是

"地球的灵魂"。

如果你是危地马拉的总统,你会不会觉得这是一个好主意呢?

一个左脑思考的管理派如何来判断一个营销理念的好与坏?

许多左脑逻辑思维的人在做决定时会权衡这个想法对他个人的影响,比如"我喜欢它"或"我不喜欢这样"。通常导致判断天平失衡的是"惊喜"因素:"我从来没有想到过这个。"

把字母 I 换成 U("soil of the earth"变成"soul of the earth"),就变成一个全新的意义,从"泥土"变成了"灵魂","真是一个巧妙的文字转换"。

营销派寻求的是可信度,而不是一个好点子。

危地马拉的新战略应该是什么呢?实际上,该国拥有丰富的文化遗产,它是玛雅族的文化中心,也是在西班牙人进入之前,北美和南美地区最为先进的文明社会。

即使在今天,危地马拉 1 300 万的人口中,仍有 43% 是玛雅族的后裔。许多人仍然在使用玛雅语言中的方言。

有 1 万英尺的高山和 500 年来几乎没有改变的文化积淀,危地马拉是一个旅游天堂。在危地马拉遍布着几百处壮观的玛雅遗址。城市、庙宇、住房、竞技场,都是辉煌历史的见证。

这些辉煌历史的见证比埃及金字塔和印度的泰姬陵更具有历史意义,且都是为当时生活所建,而非用于安葬亡灵的陵墓。

但是有一个问题。虽然危地马拉是玛雅文明的中心,但是玛雅遗址另外还散布在伯利兹、萨尔瓦多、洪都拉斯西部地区和墨西哥南部地区[更糟的是,在墨西哥的尤卡坦半岛旅游区已经成型,并被推广为"里维耶拉玛雅"(Riviera Maya)]。

除了玛雅遗址的混淆,也有国家的混淆。危地马拉之外还有伯利兹、萨尔瓦多和洪都拉斯以及中美洲的其他三个国家:哥斯达黎加、尼加拉瓜和巴拿马。一般顾客很难将"玛雅"联系到这7个国家中的某一个特定国家。

如何解决国家混淆的问题？把国家的名称危地马拉变改成危地玛雅（Guatemaya）。

帮助认知进入心智的视觉元素：玛雅神庙。

危地玛雅这个词抢先占有了"玛雅"这个概念，而且成为一种把玛雅族和一个拥有最引人注目的玛雅闻名以及国家联系起来的记忆机制 [它同时也解决了第三个问题，"马拉"（Mala）是西班牙语俚语中"坏女人"的意思]。

从另一个角度来看更改名称也自有意义。西班牙统治者佩德罗·德阿尔瓦拉多（Pedro de Alvarado）问他的阿兹特克族（Aztec）参谋要怎么称呼这片土地，他的回答是Quauhtemallan，意思就是"树木的土地"。

危地马拉实际上是一个起源于阿兹特克语的词，并不是这个国家的本土语言。

是"地球的灵魂"还是"玛雅文明的中心"？这正是制定营销战略的两个途径的选择——选一个好点子还是选择可信度，也是左脑思维者和右脑思维者的不同选择。

人们不会凭空想象

人们接受或拒绝一个新的想法不仅看其实质内容，也看这个新想法是否能与他们多年来对这个品类积累的其他认知相融合，它影响着人们对新想法的接受程度。

举个例子，一个新的可乐品牌，不得不包含可乐消费者对可口可乐和百事可乐的认知中所具备的因素。

判断一个新想法是否能进入顾客心智的一个方法就是看这个想法的相

反面是否有意义。

以安飞士为例，它在《广告时代》"20世纪最好的广告排名"中位列第十，"安飞士是汽车租赁的第二大公司，为什么选择我们？因为我们更加努力"。

把战略反过来讲就是"赫兹是汽车租赁的第一大公司，所以他们没必要更努力"。听起来很符合汽车租赁行业的想法，所以安飞士有了这样一个定位。

拿戴比尔斯（De Beers）来说，"钻石恒久远，一颗永流传"反过来就是"其他的宝石不会持续太久，因为它们不如钻石那么坚硬"。大多数人听起来也觉得有道理。

在反向测试上，许多营销策略都一败涂地。

看看美国航空的标语："我们知道你为什么要飞"，反过来是"其他航空公司不知道你为什么要飞"？

算了吧，美国航空。每家航空公司都知道我们为什么要飞，它们需要找出的是我们为什么要选择美国航空，或选择达美航空或美联航空。

看看达美航空的标语："美好行程"（Good goes around），反过来就是说其他的航空公司"糟糕行程"（Bad goes around）？

是个不错的点子，但是缺乏可信度。

意大利的第一面食

1996年，也就是百味来（Barilla）被引入美国市场的三年后，它成为美国意大利面市场的第一品牌。

百味来做得不错，看看它的竞争对手：龙佐尼（Ronzoni）、Mueller's、Creamette、San Giorgia 和美国丽人（American Beauty）等。先前的市场领

导者（龙佐尼）被颇具营销力的好时食品公司（Hershey Foods）收购。今天，尽管百味来的售价有时会比它的竞争对手高出 5%～10%，它仍然占据美国意大利面市场 26% 的份额，是第二品牌的两倍之多。

是"意大利的第一面食"这一具有信任度的概念使百味来成为意大利面的第一品牌。从字面看，这个口号并没有多好吧？

此外，百味来的工厂设在艾奥瓦州的艾姆斯城，即将开业的第二家工厂在纽约的埃文郡。这离百味来设在意大利的"食品之都"（帕尔马）的总部非常遥远（这也是百味来最近将标语改为"意大利第一品牌面食"的原因所在）。

传统的观点认为百味来的成功应归功于时长 30 秒钟的电视广告将品牌建立起来。伴随世界著名的男高音安德烈·波伽利（Andrea Bocelli）的歌声，一名美国妇女将目光投注在一个神秘的意大利人身上，他正为她送上百味来意大利面。

许多商家都使用类似的方法，它们致力于创造一些迎合消费者想法的东西以获得顾客对产品的忠诚度。典型的电视画面中都带有"温馨而模糊"的感觉，其目的是使消费者爱上这个品牌。

现在主张"劝买推销"的方式，"强行推销"的方式被淘汰了。

缺少的部分

如果能再给消费者一个感觉，即可信度，那么这一做法也没有什么不对。

就像"意大利第一品牌的面食"。

在商业中没有了信任状就等于一纸没有意义的虚话，只是美丽、迷人、浪漫的废话。

很多广告都是虚话，特别是电视广告。30秒的广告就试图将这些东西强加给那些观众，却没有认真严肃地给消费者足够的可信度，钱都浪费在了高昂广告费用上。

管理派时常混淆因果。当然，每家公司都希望消费者爱上自己的品牌；当然，每家公司都希望建立起品牌的优越性、忠诚度和所有其他模糊的属性。这是每家公司都想创造出来的结果。但是，这里的"因"是什么？

能带来这些结果的始终是品牌信任度的变化，"它应该很不错，因为它是意大利的第一面食"，而不是"它应该很好，因为公司的商业广告做得很棒"。

一个好的电视商业广告就像是一盘好的意大利面，主要是无味的东西（意大利面）就着味道浓重的酱汁。一个好的电视商业广告也应在平淡的叙述（故事主题）里着重体现品牌的可信度。

每个品牌都需要的

每一个成功品牌背后几乎都存在着关于某些方面的信任状。

- 该品牌是新类别的第一个（伟哥和勃起功能障碍）。
- 该品牌是新技术的第一个 [维可牢（Velcro）和尼龙搭扣]。
- 该品牌是以时段划分的第一个 [奈奎尔（NyQuil），夜间感冒药]。
- 该品牌是品类中某一小类的第一个（普锐斯，混合动力汽车）。
- 该品牌是诉求某一特性的第一个 [健乐士（Geox），会呼吸的鞋]。
- 该品牌是被权威第三方认可的第一个 [摩凡陀（Movado），博物馆系列，被现代艺术博物馆永久收藏]。
- 该品牌出自具有国家心智认知资源优势的品类（红牌伏特加，俄罗斯伏特加酒）。

在一个品牌建立起来之后，公司往往会遗漏品牌的信任状。大错特错。通过信任状体现出来的可信度是建立品牌的基础，在一个品牌的市场营销中始终扮演着重要的角色。

是什么建立了联邦快递品牌？隔夜送达。人们常说"联邦快递这个包裹到洛杉矶"，是指明天早上你就可以在洛杉矶收到包裹。

和许多其他公司一样，联邦快递的管理层还是忽略了品牌的信任状。宣传中没有提到隔夜到货，只是如"准时"和"放心，这是联邦快递"等的一系列无法体现可信度的主题。

再来看，"意大利的第一面食"和"第二天它将绝对、肯定会送达"是类似的。

联邦快递的广告应该说什么呢？"第二天它将绝对、肯定会送达"，这就是公司品牌可信度的体现。

当然，今天联邦快递也提供其他服务类型，包括"次日达"和"隔日达"。如果它在"隔夜达"这个服务上做得很出色，想必在其他服务上也会做得很好。

管理法则 vs. 营销法则

詹姆斯·韦瑟比（James Wetherbe）写的《世界同步》（*The World on Time*）一书总结了联邦快递取得巨大成功的 11 条管理法则。

你认为这 11 条管理法则中会有一条与聚焦于"隔夜送达"服务有关吗？

当然没有。那些都是"管理"法则，不是营销法则。

约瑟夫·米基利（Joseph Michelli）在他写的《星巴克经验法则》（*The Starbucks Experience*）一书中总结了"5 条化普通为非凡的法则"。

（1）视为己有。

（2）注意每一个细节。

（3）惊喜与欢乐。

（4）拥抱阻碍。

（5）留下轨迹。

无论哪一点都有可能成为某一方面最为重要的吗？但是必须再次强调的是这些都是管理法则，而不是营销法则。

星巴克前任总裁霍华德·贝荷（Howard Behar）写了《这不是关于咖啡》（It's Not About the Coffee）一书，解释了他任职期间的"星巴克领导原则"。

现在你可以发现，管理法则几乎都无关乎战略，通常只限于执行层面。

"在现实生活中，战略其实是很简单的，"杰克·韦尔奇在书中这样写道，"你选择一个总体的方向，就拼命地去实施它。"

或者如郭士纳（曾任IBM董事长兼执行官）说的："战略就是执行。"拉里·博西迪（Larry Bossidy）与拉姆·查兰（Ram Charan）在他们合著的畅销书《执行：如何完成任务的学问》⊖（Execution）写道："有太多的想法都变成了战略，以致它不再是思维上的挑战。你可以从一家咨询公司里获得任何你想要的战略。"

模糊营销是谁的错

是左脑思维的管理派还是右脑思维的营销派？大部分营销信息中的模糊性会让你很容易就抱怨那些广告代理商、公关机构、广告经理和营销经理。

⊖ 此书中文版已由机械工业出版社出版。

然而，根据我们的经验，广告方案总是堆积在 CEO 的案头。公司的首席执行官可能不会批准独立广告或商业广告，但他通常会事先就认同了营销运动的总体方向和标语。

矛盾依然存在。多年前，著名的研究专家阿尔弗雷德·波立兹（Alfred Politz）就指出了因客户要求想法好的广告而容易出现的错误，"这虽然有点遗憾，但也并不意外，做创意的广告工作人员已经把重点从挖掘产品的吸引力转移到创造更为有趣的广告上去了"。

"最终他已不再是向消费者销售产品，而是向他的客户销售广告。"波立兹说。

客户的兴趣或许和潜在顾客的兴趣并没有多大的关联。在美国一家典型大公司的会议室，广告代理商的提案人说："我们要回到过去，重新推行几十年前用于建立品牌的那个广告宣传活动。"

这绝不会发生。"我们花费数百万美元，而你们却要用旧的广告标语？我们自己也可以做到这一点，那我们为什么还要支付巨额费用给你们？"

没有什么比昨天的报纸或昨天的广告标语更没价值了。这实在是太糟糕了。

"正宗货"

有个观念在可口可乐消费者的脑中根深蒂固，那就是可口可乐公司在 1969 年第一次使用的"正宗货"。

这正是可口可乐品牌的信任状。只有这三个字，就精辟地说明可口可乐是第一种可乐、真正的可乐，而其他一切只是模仿而已。

它激发人们更喜欢可口可乐，百事可乐和皇冠可乐又怎么会比"正宗货"好呢？

许多品牌本可以使用同样的概念，但它们并没有这样做：舒洁是纸巾品类中的"正宗货"，亨氏是番茄酱品类中的"正宗货"，赫尔曼（Hellmann's）是蛋黄酱品类中的"正宗货"，iPod是MP3品类中的"正宗货"。

可口可乐公司已经抢先占据了这个概念，但拒绝使用它，确实很奇怪。它反而更热衷于一个接一个的营销活动，而这些活动不仅彼此之间没有任何关联，而且没有一个能体现品牌的信任状。

可口可乐公司在一个以"永远"为主题的广告活动中投入了数百万美元。然而，当你在酒吧或餐厅点上一份"永远"饮料的时候，你看到的将是服务员莫名其妙的表情。但如果你点一份"正宗货"，他们便明白你要的是可口可乐。

当你已经占据"正宗货"这个字眼时，为什么还要推行这样的广告活动主题呢？

- "北极熊"（"Polar bears."）
- "永远"（"Always."）
- "喜欢"（"Enjoy."）
- "生活好滋味"（"Life tastes good."）
- "全世界都爱可乐"（"All the world loves a Coke."）
- "生活中的可乐一面"（"The Coke side of life."）

你可能会想，成功不容争辩，毕竟可口可乐是全球最有价值的品牌。

但是，可口可乐真如它所表现出来的那样，是具有支配性优势的品牌吗？

这里有一些例子，关于在美国市场上一些品类中的领导品牌与第二品牌的对比情况。

- 万宝路的销量比纽宝（Newport）多 397%。
- 百威啤酒的销量比比米勒多 156%。
- 麦当劳的销量比汉堡王多 133%。
- 维萨的销量比万事达多 96%。
- 但是全球最有价值的可口可乐品牌，它的销量只比百事可乐多 61%。

"热"特兰大

2005 年，亚特兰大的市长雪莉·富兰克林向公共机构和个人发出倡议，"为亚特兰大这个城市品牌制定一个全新的、引人注目的品牌战略和营销活动"。

经过 8 个月的酝酿，亚特兰大品牌活动推出了新的标识和标语："每一天都是开幕式"。

每一天都是开幕式？这是什么？是商业展览吗？听起来像是在说百老汇或赌城拉斯维加斯。

是什么诱发了这些城市、地区、国家和企业去编造出既无意义又难以记忆的标语？我们相信，罪魁祸首就是所谓的"奇思妙想"或者说"创意"。

看看亚特兰大的品牌策略团队接受的是什么样的指导方针。他们的目标就是"制定一个全新的、引人注目的品牌战略"。

每天都会有人聘请广告代理机构来创造全新的、引人注目的品牌战略，直到这些品牌战略完全没有起效，这些广告代理机构就被客户解雇。

为什么世界上的每一个人明明已经有了一个战略却还想要一个新的战略呢？一天我们把公司从纽约搬到了亚特兰大，一位老朋友打来电话说："欢迎来到热特兰大（Hotlanta，Atlanta 的变音）。"

"热"特兰大的说法已经与这个城市紧密联系在一起,特别是在1996年夏季奥林匹克运动会以后更是如此。此外,城市本身正在蓬勃发展。

- 2000～2006年,亚特兰大地铁客流量增加了89.00万,是全美国361个主要城市和地区里增加数量最多的一个城市。
- 2005年,亚特兰大有72 861个新注册的个人住宅开发,是全国规模最大的城市(纽约第二,菲尼克斯第三)。
- 亚特兰大在25～34岁高学历人才方面处于全国领先,一个人口统计学专家小组称之为"年轻和激情"(Young and Restless)。
- 亚特兰大的哈茨菲尔德-杰克逊机场是世界上最繁忙的机场,航班最多,乘客也最多。

"热"特兰大的概念是如此知名,致使可口可乐公司在当地树了一块广告牌,上面是一瓶冰冻的可乐,旁边写着广告词"欢迎来到冰爽亚特兰大(Coldlanta)"。

"每一天都是开幕式",多么荒唐啊。耗时两年,耗资400万美元,这个策划终于走向了终结。

新的标语:"城市之光,南方之夜",同样糟糕。

就像所有的产品、服务、城市或地区一样,这是一个可信度问题。亚特兰大拥有自己的信任状来树立"热"特兰大品牌,而其他城市则没有。

但是每个城市都有开幕式、灯光和夜晚。不管这些想法有多奇妙,都是行不通的。这些想法是站在沙子上,这可不是一个坚实的基础。

钻石恒久远,一颗永流传

时间最长(并且最有效的)的营销活动之一是由戴比尔斯公司于1948

年推行的，其主题为"钻石恒久远，一颗永流传"。

注意，一语双关是标语应用中一个很好的主意。如果钻石代表永恒，那么钻石订婚戒指和结婚戒指同样喻指婚姻的美好长久。

戴比尔斯公司最近又做了什么？你猜到了吗，它们把标语改为"永恒，现在"。

"永恒，现在"不仅显得无厘头，也没有任何意义，除非你将它与原先的标语联系起来。

广告的三个最重要的规则曾经是：①重复；②重复；③重复。

今天，我们似乎忘记了这些规则。今天，广告的三个最重要的规则似乎变成：①好点子；②新颖；③花哨。

最成功的营销策划通常运行至今已经有几十年了，而非仅仅数年。

万宝路在推行了25年的牛仔行销之后才超越 Winstion，成为美国最畅销的卷烟。

万宝路品牌使菲利普·莫里斯公司（Philip Morris）获得了巨大成功。如果在1953年，即万宝路推出的那一年年底，你在菲利普·莫里斯公司股票上投资了1 000美元，那么今天你的股票就已经价值1 550万美元了。

（事实上，那一年菲利普莫里斯公司股票的升值速度超过了当年《财富》杂志公布的美国500强公司排行上的任何一家。）

想象一下，如果早期菲利普·莫里斯公司里某个新上任的首席执行官说："我已经厌倦了牛仔，我们为什么不换上足球运动员？"那么情况会是如何？

这并非不可能。百事公司首席执行官英德拉·努伊（Indra Nooyi）说："每隔5~7年，我们就会改变品牌营销策略，因为你需要新的能量激励来考虑下一轮运作。"（正是这样的想法间接扼杀了"百事一代"原本非常成功的营销策划）。

贵在持之以恒

梅赛德斯－奔驰在舍弃了其一贯的标语——"制造工艺全球独一无二"（Engineered like no other car in the world）后，有取得任何实质性的进展吗？我们认为没有。

美国陆军在用"全民一军"（An army of one）取代了一贯的口号——"引爆潜能"（Be all you can be）之后，它的招募工作又有什么进展吗？我们认为没有 [它的新口号是：强大军队（Army strong）]。

百威啤酒是否在停用它的一贯标语——"啤酒之王"（King of beers）后就提升了其品牌呢？我们认为也没有。

纽约是"大苹果"，巴黎是"夜光之城"，罗马是"不朽之城"，纳什维尔是"音乐城"，明尼苏达州是"万湖之地"。你会改变这些营销标语吗？我想不会。

多年前，《明尼阿波利斯论坛报》（Minneapolis Tribune）举办了一个竞赛，以选出一个新的标语来取代"万湖之地"。最后胜出的标语是："来吧，爱上一个懒人"（Come fall in love with a loon）（胜算在于它够荒谬）。

N. W. Ayer 是一家广告公司，其历史可以追溯到美国第一家广告公司的成立，它创造了这句箴言："一旦成功即持之以恒。"

也正是 N.W.Ayer 公司创造了"钻石恒久远，一颗永流传"的口号。

每年，无数曾经持之以恒的品牌，一旦将口号牵涉在内，就持续不断地沦为创意人群的牺牲品。

口号恒久远，一句永流传。

第 14 章

管理派认同复合品牌
Management believes in double branding

营销派认同单一品牌
Marketing believes in single branding

如今，品牌战略已经逐渐成为董事会里最热门的议题，左脑思维的管理派在这方面甚至走得有些过了。

他们的想法是："如果一个品牌做得好，那么两个品牌加起来就会更好。"（从逻辑上看，这个总结合情合理，但是它会削弱品牌力量）。

很多执行官都忙着把他们公司的名字放在所有的产品品牌名字上。CEO们这么做是为了提升他们的股票市值还是为了提升他们的品牌力量？我们感到很疑惑。

右脑思维的营销派非常抵制复合品牌战略，其中一个原因就是当顾客在面临选择时，大部分人都会使用一个品牌名字，而不是两个。

雀巢行家之选

几年前，"行家之选"（Taster's Choice）超越麦馨（Maxim）成为美国市场上结晶即溶咖啡的第一品牌。原因之一就是它有个好名字，"行家之选"暗含了它自己的优势。

而麦馨这个品牌名字暗示着它是麦斯威尔（Maxwell House）公司的一个产品，而麦斯威尔才是当时领先的咖啡品牌（又一个品牌线延伸的错误）。

关于"行家之选"这一品牌名，有一个很少被提及的故事。事实上，雀巢公司瑞士总部的管理层曾想把产品命名为"金雀巢"（Nescafé Gold），以利用雀巢"全球销量最大的速溶咖啡"的品牌优势（实质上，它和麦馨犯了同样的错误）。

另一方面，美国的营销人坚持选用"行家之选"这一品牌名，并最终在公司内部的分歧中获胜，也在外部市场上击败了竞争对手。

那些在瑞士韦维小城中的大人物们最终还是坚持己见。从2003年开始，"行家之选"正式改为"雀巢行家之选"。

但顾客是怎么称呼这个产品的？他们可不会叫出全名——雀巢行家之选，实在是拖沓冗长。他们也不会叫它雀巢咖啡，那是另一个产品的名字。

顾客还是叫它"行家之选"，一如既往。复合品牌策略不过是增加了一个令人混淆的因素而已。

舒洁 Cottonelle

尽管复合品牌是否具有优势尚未明确，但毫无疑问它已经成为一种趋势。在宝洁，Glide（牙线品牌）变成了佳洁士（Crest）Glide，旋转牙刷（SpinBrush）变成了佳洁士旋转牙刷（Crest SpinBrush），一款新漱口水叫作 Crest Pro-Health。

在金佰利公司，Cottonelle 就是现在的舒洁（Kleenex）Cottonelle。

收购吉列公司之后，宝洁开始将两个公司品牌融合在一起，新的牙刷叫作欧乐–B CrossAction ProHealth，实在是一个绕口的名字。

然而顾客总是用一个名字而不是两个名字来称呼一种产品。任何用右脑思维的人不会将"雀巢行家之选"这样的名字写在购物清单上，也不会写下 Crest Glide 和 Kleenex Cottonelle，它们只会是"行家之选"、Glide 和 Cottonelle。

顾客会选用哪一个名字来称呼欧乐–B CrossAction ProHealth 呢？欧乐–B 被用在 16 个不同的牙刷产品上，CrossAction 被用在 3 个不同的牙刷产品上，而 ProHealth 则被同时用在牙膏和漱口水产品上。

毫无疑问，如今的顾客只能在超市里迷茫地徘徊。

最强大的品牌是那些能代表自身的品牌，不带有公司和主要品牌的任何标注。如果雀巢公司收购了红牛（它们绝对应该考虑收购），红牛应该改为"雀巢红牛"吗？我们可不这么认为。

一个词塑造强大的品牌

我们对下面这些强大的品牌耳熟能详，如绝对伏特加、亚马逊、芭比（Barbie）、黑莓、戴尔、金霸王（Duracell）、佳得乐、谷歌、舒洁、李施德林、微软、劳力士、雪碧、赛百味（Subway）、泰诺（Tylenol）、施乐和飒拉（Zara）。

如果将带有公司名字的词再附加到这些品牌（和很多其他一个词或者一个概念的品牌）上，不但不会增强品牌的力量，反而会减弱品牌的力量。

宝洁金霸王（P&G Duracell）不会比金霸王招来更多的顾客。

那苹果公司呢？也许你会想，看看苹果公司的名字结合品牌名给 iPod 品牌带来的好处。

你应该反过来看。看看 iPod 品牌的成功为苹果公司带来的声誉。iPod 是苹果公司音乐播放器的品牌。在 iPod 推出之时和现在，它都无须借助苹果公司的企业品牌因素来提升产品的品牌。

我们从未遇见一个消费者把他的音乐播放器叫作"苹果"。没人会说："我买了一个苹果"，除非是买了水果。相反，很多人都说："我刚买了一个 iPod。"

很多其他复合品牌的产品也一样，没人把他的视频游戏机叫作索尼，人们叫它 PSP。

也没人把一辆混合驱动汽车叫作丰田，人们称之为普锐斯。

休克的品牌

在复合品牌的几个词之间的选择也会有一些例外。很多企业因名字的附加使得品牌休克了，让本应是主体的品牌反而变成了附属。例如，索尼

Bravia 电视机和索尼 Vaio 计算机，还有柯达易享（Kodak EasyShare）相机。

有多少顾客会说"我买了一台 Bravia 电视机"？几乎没有。对于 Vaio 也是如此。一个表示"视频和音频融合运转"的词是没有实际意义的。㊀

还有夏普 Aquos 电视机、夏普 Zaurus 智能电话、松下 Viera 高清电视机。

每个新品类都是建立新品牌的良机，但仍有很多企业用更为知名的企业品牌名埋葬了新品牌，因而错失了这些黄金机遇。

第一个商务数码相机被取名为索尼马维卡（Sony Mavica）。马维卡，这个奇怪的名字是什么角色？

如果索尼想让"马维卡"成为能代表数码相机的品牌，它在推出时就不应该带有索尼这个名字。

试试去建议索尼公司的管理者不要把索尼这个名字放在新的数码相机上，你就能发现问题在哪儿了。管理者都热爱着公司的名字，想要把它用在每个产品上，尤其当新产品是非常重要的高科技发展产物时，就更为如此。

在企业意识和营销原则的这场战争中，猜猜谁赢了？

Viera、Zaurus、Aquos、EasyShare、Vaio 和 Bravia 总有一天会和马维卡一样被扔进历史的废纸篓里。没有体现实际功能的品牌名最终都会被废弃。

一个新品类需要一个新品牌名

右脑思维的营销派知道这个道理，但是左脑思维的管理派并不知道。

一个新品牌名能够形成强烈的认知，带来数十年有利的销售。认知包含了领先地位和可靠性。

㊀ Vaio 是"Video Audio Integrated Operation"的首字母缩写词。——译者注

在一些案例中，品牌名甚至成为了品类的代名词。

- 豆奶品类中的Silk品牌。
- 透明胶带品类中的思高（Scotch）。
- 橡胶凉鞋品类中的卡路驰（Crocs）。
- 洗手液品类中的Softsoap品牌。
- 冷水清洁剂品类中的浣丽（Woolite）。
- 滚轴溜冰鞋品类中的RollerBlades品牌。

另一方面，看看数码相机市场。柯达发明了数码相机，索尼推出了第一架商务数码相机，但两者中无一能主导这个市场。以下是近年的数码相机市场份额。

- 佳能：20%
- 索尼：17%
- 柯达：16%
- 尼康：10%

四大品牌，没有一个是数码相机的专门品牌。它们都是品牌线延伸的产物，不是从胶片品牌进入了数码领域，就是从电子产品品牌进入了相机领域。这就不足为奇了，这些品牌中无一能够主导这个品类。

比较一下相机品类和软饮料品类。在美国有几百个软饮料公司，但是佳得乐独占82%的运动饮料市场，可口可乐独占60%的可乐市场，红牛独占43%的能量饮料市场。

最终能主导一个品类的是第一个进入这个新品类的新品牌，而不是通过既有品牌延伸而来的第一个进入这个新品类的品牌（也不是像索尼马维卡数码相机那样的复合品牌）。

知名度还不足以成就一个伟大的品牌，成为一个品类的主导才是一个伟大的品牌。

在美国，塔巴斯科（Tabasco）占有90%的辣椒酱市场，坎贝尔（Campbell's）占有82%的罐装浓汤市场，特波（Turbo Tax）占有79%的税务软件市场，星巴克占有73%的高端咖啡连锁市场，iPod占有70%的MP3音乐播放器市场，塔可钟占有70%的墨西哥快餐市场，谷歌占有63%的互联网搜索引擎市场。

研究的破坏性角色

在宝洁、联合利华、亨氏、家乐氏和通用磨坊公司旗下的品牌中很少会有类似谷歌这样的名字。一个像谷歌这样令人吃惊的名字，通常在测试中都没有什么好的结果。

你会选择用一个叫作谷歌的搜索引擎，还是选择一个叫作微软的搜索引擎？在推出谷歌之前，用户偏好的答案是毫无疑问的。

尽管在研究中，已经知名的名字会受到更多的青睐，但知名的名字也有其弊端。一个已经知名的名字在消费者的心智中已经代表了某个东西。例如，微软就代表了软件，它如何再去代表"搜索引擎"？

很多企业强调净白（Whitestrips）才是实质上的品牌名字，而佳洁士（Crest）是个附加的名字，由此将复合品牌战略合理化。在某种意义上，确实如此。

这也是近期大量涌现弱势品牌的主要原因之一。当你已经有一个强大的品牌（佳洁士）并试图将它与另一个强大品牌结合起来时，你就有麻烦了。

两个强势的品牌名字会互相抵制。唯一的解决方法就是将一个强大的品牌名字和一个弱势的"类属型"的品牌名字放在一起。例如，佳洁士和净白。

看看金宝罐装浓汤的几个复合品牌。

- 金宝 Chunky
- 金宝即食汤（Campbell's Soup at Hand）
- 金宝精选（Campbell's Select）

Chunky、即食汤和精选都是金宝汤业公司的注册品牌，但却无一成为强大的品牌。我们认为这些品牌还不如一些描述性的词汇：含固体炖菜的汤（chunky）、微波炉加热即食（microwavable）和餐馆系列（restaurant-style）。

金宝汤在复合品牌战略的运用上已经走远了一步，现在它的一些产品已经用"三品牌"战略了。

- 金宝 Chunky 健康系列（Campbell's Chunky Healthy Request）
- 金宝精选健康系列（Campbell's Select Healthy Request）

（给金宝一个从全局思维出发的建议，舍弃"健康系列"品牌，把所有的汤类产品都做成健康食品。）

汽车行业的复合品牌

没有一个行业能比汽车行业中的复合品牌更为猖獗了，但是那些最好的汽车品牌还是没有使用复合品牌。它们只是用字母和数字来区隔不同的车系。例如，雷克萨斯、宝马、梅赛德斯－奔驰、英菲尼迪和沃尔沃。它们使用的数字有着实质上的意义，例如宝马的1系、3系、5系和7系。

一个复合品牌（讴歌）发现它的"里程"车系的品牌认知度超过了它的主品牌。于是在1996年，"里程"变成了TL。5年之内，讴歌的品牌认知度上升了25%。与1996年相比，2007年讴歌的销量也提升了71%。

复合品牌战略就像是跷跷板。如果一个品牌提升了（里程），另一个品牌就会下降（讴歌）。

汽车生产商应该使用哪个品牌名？答案显而易见。现在没有"里程"销售商，只有讴歌销售商。

应聚焦于讴歌品牌。

第 15 章

管理派指望不断的增长
Management plans on perpetual growth
营销派指望市场的成熟
Marketing plans on market maturity

"我们必须要使我们业务增长起来。"这通常是新上任的 CEO 公开发表的第一个言论。

他们想,增长能够解决所有的问题。所以 CEO 把下一年的销售目标定在增长 10%、15% 或者 20%。增长目标的幅度大小取决于 CEO 的野心。

即使公司无法达到目标,制定"弹性目标"仍被认为是一件好事情。

数学推导出的不可能性

然而弹性目标也不是那么好。除了因人口增长和消费者物价指数提高而带来的销售额增长,永无止境的持续性销售增长从数学上看就是不可能的。

持续 50 年的年销售增长率为 25%,就意味着在最近一年的销售额是起步阶段的 9 000 多倍。可能对一家刚刚起步的公司来说,这样的增长是可能的,但是对一家成熟的公司来说,这是不可能的。

《财富》杂志评出的 500 强企业中最小的公司是在卡罗来纳州哥伦比亚的斯堪纳集团(Scana),它在 2007 年的销售额达 46 亿美元。如果斯堪纳集团的销售额连续 50 年每年增长 20%,它到 2058 年的销售额就要达到 42 万亿美元(不计通货膨胀),也就是美国现在 GDP 的三倍。

很有可能。

用左脑逻辑分析性思维思考的经理们怎么会没想到不断增长带来的后果?可能性之一是管理层同时也是短期利益导向的(见第 24 章)。

一个成熟的品牌(是在说品牌,不是公司)在不断发展的过程中迟早会达到一个最佳的点,此后的销售额增长只来源于人口增长和通货膨胀。能认识到这一点是卓越的右脑营销思维必须具备的能力之一。

麦当劳一团糟

例如美国每个麦当劳餐厅的销售额在过去10年中都增长缓慢,并且由于快餐市场接近饱和,连锁餐厅的数量也没有增加。

- 1998年,美国共有12 472家麦当劳餐厅,单店的平均年销售额是1 458 500美元。
- 1999年,美国共有12 629家麦当劳餐厅,单店的平均年销售额是1 514 400美元。
- 2000年,美国共有12 804家麦当劳餐厅,单店的平均年销售额是1 539 200美元。
- 2001年,美国共有13 099家麦当劳餐厅,单店的平均年销售额是1 548 200美元。
- 2002年,美国共有13 491家麦当劳餐厅,单店的平均年销售额是1 527 300美元。
- 2003年,美国共有13 609家麦当劳餐厅,单店的平均年销售额是1 632 600美元。
- 2004年,美国共有13 673家麦当劳餐厅,单店的平均年销售额是1 788 100美元。
- 2005年,美国共有13 727家麦当劳餐厅,单店的平均年销售额是1 871 700美元。
- 2006年,美国共有13 774家麦当劳餐厅,单店的平均年销售额是1 974 100美元。
- 2007年,美国共有13 862家麦当劳餐厅,单店的平均年销售额是2 068 000美元。

在这 9 年中，平均每个麦当劳餐厅的年销售额增长了 41.8%，这一增长大多要归功于同期消费者物价指数的上涨，其百分比为 29%。

将消费者物价指数从麦当劳的实际销售额增长中扣除，每个餐厅的年销售额增长约为 1%。也就是说，至少在美国市场上，麦当劳的成长已经到达了它的成熟期。

在过去 10 年中，为了促进"业务的增长"，麦当劳的企业管理层做了什么？他们投入了大量的精力在新的菜单、新的设备和新的促销活动上，并予以大量的消费者广告策划支持。

也许，仅仅是也许，对一个既定规模和指定选址的麦当劳餐厅来说，每年约 200 万美元的销售额已经是它最佳的销售水平。麦当劳无须感到挫败，在 2007 年，美国平均每个汉堡王餐厅的年销售额只有 124 万美元。

接下来会发生什么

如果麦当劳已经达到了它最佳销售水平的这一假设成立，那么它对麦当劳的营销战略有什么暗含意义呢？

麦当劳应该减少它的菜单选择，减少它的广告预算，减少它的促销活动。与其试图再提高单店的平均销售额，麦当劳不如在减少成本开支、提高收益的前提下，尽力维持它平均每家餐厅 200 万美元的年销售额。

它是否意味着麦当劳企业应放弃业务增长？并非如此。它可以选择推出新的品牌进行新一轮同样的循环：起步—积累增长—成熟。

实际上，麦当劳做的恰恰与之相反。在 2006 年，它将契普多墨西哥餐厅（Chipotle Mexican Grill）进行了资产分拆；2007 年，它把"波士顿市场"快餐店（Boston Market）出售给一家私人股权公司。如今，麦当劳企业仅仅是汉堡连锁。

如果宝洁坚持做肥皂，它今天会发展到什么程度？

任何一家像麦当劳一样拥有强大的系统储备、操作程序和营销能力的企业，都可以推出第二、第三和第四品牌（每次推出一个）。

麦当劳菜单上选择的增加也未必是一件好事。

不可思议的 In-N-Out 汉堡

看看西海岸地区的一家快餐连锁店的成功。2007年，平均每家 In-N-Out 餐厅的年销售额为 2 251 200 美元，比同期麦当劳单店高出 9%。

最初的麦当劳菜单上只有 3 种主食（牛肉汉堡、吉士汉堡、炸薯条）、1 种奶昔和 5 种饮料（咖啡、可口可乐、牛奶、根啤和橙汁饮料）。

如今，一张典型的麦当劳菜单上可能有 80 种左右的食品。公司还在不断增加花样，例如沙拉、鸡肉卷、浓缩咖啡饮料等。

从左脑思维的逻辑观点来看，这些增加的食品是有意义的。肥胖症为健康食品提供了市场（于是增加了沙拉和鸡肉）。星巴克的兴起为高端咖啡饮料开拓了市场（于是增加了意式浓缩咖啡）。事实上，麦当劳菜单上增加的每个食品对于管理层来说都是有意义的。

只不过对营销来说没什么意义。如果你想要建立一个主导性品牌，你需要在心智上代表某一样东西。

麦当劳曾经代表了牛肉汉堡。今天，它的代表性不再那么强了，是它铺天盖地的门店和大量的媒体投放才使这个品牌在快餐行业中保持领先地位。

另一方面，In-N-Out 汉堡与最初的麦当劳理念十分接近。今天，In-N-Out 汉堡的菜单上只有 4 种主食（牛肉汉堡、吉士汉堡、双层汉堡、炸薯条）、3 种奶昔和 8 种饮料。

问题是，如果麦当劳坚持它最初的菜单，情况会是如何？如果是这样，去年麦当劳单店的平均销售额是否也能达到2 251 200美元？

我们将不得而知。

增长是一个营销问题

管理派总是不惜一切代价促进业务增长，然而增长是需要时间的，加速之后的缓冲也需要时间。所有这些决定都要从品牌的角度出发，而不是从企业的角度出发。

所有的公司都有增长的潜能，但并非所有的品牌都有这个潜能。

现在或许是麦当劳和其他情况相似的品牌面对现实，并寻找新机会的时候了。

单一品牌的企业因内部过于集中的管理制度而处于危险之中。以索尼公司为例来说明一下。

全球商业咨询公司AlixPartners近期对美国的5 000名消费者做了一次调查，索尼被列入最可信的品牌行列，在强生、卡夫、丰田、惠普、可口可乐、耐克和其他知名品牌之前。

作为一个品牌来说，索尼是强大的。但是作为一家公司来说，索尼是糟糕的。在过去10年中，索尼已经创造了6 583亿美元的销售额和税后121亿美元的净收益，纯利润率只有1.8%。

比较一下索尼和多品牌企业宝洁。宝洁在过去的10年中创造了5 373亿美元的销售额和税后646亿美元的净收益，纯利润率达到了12%。

宝洁的公司规模比索尼小，但其纯利润却是索尼的5倍之多。

红色巨人和白色小矮人

拥有强大的品牌、骄人的销售额和微小的利润,索尼并不是唯一符合"红色巨人"形象的企业。

企业就像是星星。随着企业的发展,星星自我膨胀起来成为红色巨人,变成了刚开始时的100倍那么大,如同一个太阳。

直到红色巨人耗尽了内部的能源供给,它就失去了它的外层,最终缩小成为一个白色小矮人,也许直径只有太阳的1%了。

索尼和通用汽车都是红色巨人。因为索尼使得企业品牌过度膨胀,而通用汽车使得它的每一个汽车品牌都过度膨胀直到它们不再代表任何东西。

这两个企业能否逃过红色巨人最终缩小成白色小矮人的命运?时间会证明一切。

为改变命运,索尼必须砍掉很多产品,重新聚焦在那些它占有领先地位的分支领域(这同样也是杰克·韦尔奇给通用电气的战略建议:做第一或第二品牌,忽略其他的)。

管理层的记忆总是很短暂。或许你会想,如果能记得20世纪六七十年代的企业大联合的黯淡教训,就不会有近期"大积累"的趋势了。但显然不是如此,无论你看哪里,都能发现"大积累"趋势在不断明朗化。

看看亚马逊网站和它最初的口号:"全球最大的书店"(Earth's biggest bookstore),一个很好的口号,很好地将全世界最大的河流联想在一起。

亚马逊现在的口号是什么?"全球最大的百货店"(Earth's biggest selection),书籍被规整起来,为其他32种产品腾出了空间,包括亚马逊最新的产品——食品(越来越像在线零售商Webvan网络货车公司了)。

1995年7月,亚马逊在互联网上开通了它的书店。13年间,亚马逊网站卖出了价值585亿美元的商品,是个不错的数量(书籍、CD和DVD在亚马逊的销售额中仍然占有一半以上）。

另一方面，在13年间的运营中，亚马逊网站的损失达到了14亿美元。亚马逊网站何时会倒闭？在现行的利润水平来看，3年之后亚马逊网站就要关门了。

此外，所有那些附加的产品对那些只想买书的顾客来说都影响了他们的浏览速度。据估计，现在在亚马逊网站上搜索一本书所需要的时间是10年前的5倍。

是什么在支持索尼公司和亚马逊网站这样的红色巨人一直在竞争中不倒？

当你把自己捧起来之后，每个人都会从各方面获得对你的印象：消费者、前景、投资方和媒体。你由此创造了大量的正面公关（想想唐纳德·特朗普），同时你可以出售股票以获得目前运营的财力支持。

下一个红色巨人

另一家在早期就把自己转变成红色巨人的公司是谷歌。有谷歌地图（Google Maps，与Mapquest地图查询网竞争）、谷歌聊天（Google Talk，与AIM和MSN即时信息竞争）、谷歌金融（Google Finance，与雅虎金融竞争）、谷歌邮箱（Gmail，与Hotmail和雅虎电子邮件竞争）和谷歌在线支付（Google Checkout，与贝宝PayPal竞争）。之后还有了应用于个人计算机和手机的谷歌软件。

谷歌同时计划把品牌扩展到广播、电视和报纸的定向广告中去。

"谷歌，闪光点很多，点击量很少。"这是《商业周刊》上的一篇报道的标题。"一次对过去4年中推出的约24个新兴产物的分析显示，谷歌成为其核心业务之外的单一市场的领先者。"杂志总结道。

除了相对不够成功之外,所有这些产品线延伸都会稀释谷歌这个品牌的力量。从长期来看,谷歌在搜索引擎市场上压倒性的领先地位正遭受威胁。威胁并不是来自雅虎和 MSN 等传统竞争对手,因为这些品牌比谷歌更"不聚焦"。

威胁来自单一心智认知的搜索引擎品牌,并且其方式与谷歌截然不同。一个很有潜力的赢家是 Cuil,一个古老的爱尔兰名字,发音很像"酷"。

在 Cuil.com 网站上,所有的搜索结果都会像一本配有图片的杂志一样呈现。

如今,利润似乎成为禁忌字眼

太多的企业都盯着收入而忽略了利润,像通用汽车和索尼这样的红色巨人,它们的财政收入比一些小国家的 GDP 还要多。

增长是很多 CEO 信奉的教条。在短期内发展壮大,寻求盈利的方法。

大自然通过很多例子告诉我们应该"慢慢来"而非"急急行"的好处。生长缓慢的阔叶树比生长迅速的针叶木寿命更长。

迅速生长的弊大于利,这对品牌和树木都一样。

任天堂是最强大的公司(也是最强大的品牌)之一,一个只生产视频游戏机和控制台的企业。在 2000 ~ 2006 的财政年间,任天堂的年销售额实际上从 53 亿美元减少到 43 亿美元,有 19% 的下滑。

但是任天堂在 2006 财政年的收益(8.366 亿美元)超过了 2000 财政年的收益(5.313 亿美元)。此外,任天堂的利润差是惊人的,在过去 10 年中,任天堂的税后净利润达到了销售额的 15.5%。

索尼一定伤心到极点了。

第 16 章

管理派倾向扼杀新品类
Management tends to kill new categories
营销派倾向开创新品类
Marketing tends to build new categories

虽非刻意，但很多左脑思维的管理派都垂青于遏止建立新品类的战略。右脑思维的营销派则倾向于建立新品类的战略。

要创建一个新产品或新服务的品类，公司需要投入大量的金钱，例如，数码相机、卫星广播、网络零售服务。就拿在线零售商 Webvan 来说，它在投入运营的起初两年，在百货运输业务上就损失了 8.3 亿美元。

既然建立一个新品类的投入成本如此巨大，为什么一些企业还要刻意去扼杀新兴发展的新品类呢？

两种企业

事实上，总有好理由给一个新品类设置障碍。在复杂的商业界，对待新的品类，企业可以分为两种：持建立态度和持扼杀态度。

新品类的建立方常常是一家发展初期或规模较小的公司，希望通过推出能主导一个新兴品类的新品牌来与规模更大的对手公司竞争。

一般来说，这些小公司都是由右脑思维的企业家们管理经营的，他们都有一定的营销直觉 [想想查尔斯·施瓦伯（Charles Schwab）创立的第一家折扣经纪公司嘉信理财、凯文·普兰克（Kevin Plank）创立的第一家运动内衣公司安德玛（Under Armour）、拉里·埃里森（Larry Ellison）创立的第一家关系数据库软件公司甲骨文（Oracle）]。

这类公司虽然规模不大，但具备很好的营销直觉。例如，金霸王碱性电池，电量是当时领先品牌永备碳锌电池的两倍。

永备隶属于大型企业美国联碳（Union Carbide），后者正是属于品类扼杀者的企业。在金霸王推出的 6 年前，永备推出了自己的碱性电池产品。很自然地，这个新产品被命名为永备碱性电池。

永备的管理层希望"电器电池"能保持在一个品类中，其中包括碱性电池、碳锌电池等多种产品。作为电器电池的领先品牌,永备能够在接下来的几十年都主导这个品类。

品类建立者的胜利

这是绝对不可能的。多亏了金霸王品牌背后的营销团队,消费者们最终领悟到电器电池有两个品类:价格便宜的碳锌电池和更加耐用的碱性电池。如今,这两个品类分别由两个品牌主导:永备和金霸王。

永备的管理层最终明白了不可能将碱性电池这一品类扼杀,于是它又推出了自己的碱性电池品牌:劲量(Energizer)。但是和很多左脑思维的管理派行为一样,为时已晚。

金钱也无法弥补损失的时间。尽管投入了庞大的广告预算,劲量还是品类中的第二品牌,排在金霸王之后。

创意也无法弥补损失的时间。劲量小兔子的广告被《广告时代》杂志誉为"20世纪最好的100个广告"之一(该广告位列第34)。

同时,金霸王公司也渐渐转型,由典型的管理思维运营。它先后被达拉斯公司(Dart)、卡夫集团、科尔伯格·克拉维斯·罗伯茨公司(Kohlberg Kravis Roberts)、吉列公司收购。现在,它隶属于宝洁公司。

在这场竞争的每个阶段,金霸王都被一家规模更大、管理思维运营模式更强的公司收购。

品类扼杀者的胜利

如今,两大电池品牌都由管理型的大规模公司运营,它们显然已经很成功地扼杀了下一代电池产品:锂电池。

毫无疑问，锂电池可以成为单独的一个品类，但前提是它需要一个独立的品牌名与这个品类一致 [就像英国松饼品类中的托马斯（Thomas'）品牌、烘焙糕点品类中的（Pop-Tarts）品牌、牛排酱品类中的 A1 品牌]。

在营销中，时机就是一切。一个品类一旦消亡，它就不会再复活。

金霸王牌的锂电池和劲量牌的锂电池上市都有一段时间了。对于一个营销导向的品类建立者来说，现在要加入锂电池竞争已经太晚了。

如此而已。有时候品类建立者会获胜，有时候品类扼杀者会获胜。

为何总是错失良机

没人能预知未来。一个新品类是否能发展成一个独立的品类，在早期是无法明确下定论的。

在万维网的早期发展阶段，也没有明显的迹象能说明互联网会成为一个新媒体品类。不仅仅是一个新品类，甚至是比书籍、报纸、杂志、广播和电视等所有传统媒体联合起来都更为重要的品类。

有时你会有这样的感觉，管理派认为新品类是由上帝创造的。除非时机成熟，否则新品类是不会出现的，所有新品类都受到某种更强大的力量支配。

营销派则不这么认为。他们相信一个企业的营销活动能够创造一个使品类建立者获益的新品类，就像碱性电池品类给金霸王品牌带来了不小的收益。

品类建立者的损失

在美国最畅销的啤酒是什么？是百威，它的平均年销售额约为 80 亿美元。

局势原本可以完全不同。米勒啤酒公司（Miller Brewing Company）最终错失了超越百威的机会。金霸王在锂电池品类中取得的成就，米勒啤酒公司在淡啤品类中是达不到的。

米勒做错了什么？它为第一款淡啤取了一个糟糕的名字：Lite（意思为清淡的）。

Lite 是一个糟糕的淡啤名字吗？逻辑思维的管理派一定很迷惑。给淡啤取 Lite 这个名字终究有何不好呢？

像 Lite 这样描述品类属性的名字是很糟糕的，因为竞争对手可以通过推出类似的品牌轻而易举地消灭这类品牌的独特性，就像 Schlitz Light、Pabst Light、Coors Light、Natural Light、Bud Light。

然而米勒公司的营销直觉是正确的，它试图建立一个新品类，没有把"米勒"放在新品牌的命名中，而将它仅取名为"Lite"。但是它要提防在品类扼杀类型的企业大量推出"淡啤"产品时，它根本无法保护"Lite"这一品牌不受攻击。

于是，Lite 变成了米勒 Lite（Miller Lite）。建立新品类的战役失败了。这真是米勒啤酒公司的噩运。

如今，淡啤的销量远远超过了普通啤酒（百威淡啤 Bud Light 是最畅销的品牌，在美国市场上的平均年销售额约为 47 亿美元。第二品牌是百威普通啤酒 Budweiser，平均年销售额约为 28 亿美元）。

谁在新品类消亡时获胜

当然是既有品类中的领先品牌获胜。尽管 Budweiser 是最近推出淡啤的主要酿酒厂，如今的淡啤第一品牌还是百威淡啤。

现在淡啤在人们的心智中已经不是一个新品类了，淡啤被认为和普通啤酒属于同一品类，只是更清淡一些。

这就是百威打赢淡啤之战的原因，也是金霸王打赢锂电池之战的原因。如果你想要扼杀一个新兴品类，首先要确保的是你的品牌是既有品类中的领先品牌。

健怡可乐就是淡啤故事的翻版。第一个健怡可乐品牌是 Diet Rite，名字本身就不好，更糟糕的是它是一个品类属性的通用名。

[Microbrewed Rite 能成为像塞缪尔·亚当斯（Samuel Adams）那样闻名的名字吗？当然不可能。]

Diet Rite 可乐和 Lite 啤酒一样都是带有品类属性的通用名。所以新兴发展起来的新品类也很容易被一些品类杀手攻击，例如，百事可乐和可口可乐。最先进入战役的是轻怡百事可乐（Diet Pepsi），健怡可口可乐（Diet Coke）紧随其后。

如今，健怡可乐并没有被认知为一个独立的新品类，健怡可乐只不过是普通可乐中的糖分被人工甜味剂取代的产品。

而成为领先品牌的是健怡可口可乐，虽然它最后一个进入这场争夺战，但却是既有品类中的领先品牌。

微酿 vs. 淡啤

吉姆·科克（Jim Koch）推出了塞缪尔·亚当斯波士顿啤酒（Samuel Adams Boston Lager），从而建立了微酿（Microbrew）啤酒这个新品类。讽刺的是，这种啤酒最早是由位于匹兹堡的铁城啤酒（Iron City）的生产商酿造出来的。

没关系。微酿使它成为饮酒者心智中新型啤酒品类的名字。安海斯－布希公司和米勒酿酒公司分别用它们各自的招牌产品进行了还击[例如，安海斯世界精选（Anheuser World Select）和米勒珍藏（Miller Reserve）]。

但仍未能扼杀微酿啤酒这个新品类。如今，这个品类的建立品牌塞缪尔·亚当斯已经成为大赢家。

在逻辑上无法解释为什么小批次酿造的啤酒（微酿）能被人们认为是一个独立的新品类，而实质上含有更低热量的酿造啤酒（淡啤）就不是一个独立的品类。

在这两个概念中，淡啤和普通啤酒相比，其革新程度比微酿更为明显。比起小批次酿造和大批次酿造之间的差别，饮酒者更容易认识到淡啤和普通啤酒之间的区别。

区别并不存在于啤酒产品中，而在于营销。

逻辑性管理思维最大的错误就是没能看到新品类的崛起，他们似乎认为品类都是固定的，很少会有新品类诞生，除非是技术等有了革命性的发展。

另外，当一家公司拥有一个品类时，它的管理层倾向于把新的发展仅仅视为既有品类的改良，而不是通过推出新品牌来创造一个新品类的机会。

鸽子和鸽巢

一个有用的分析法是将心智比作鸽棚。鸽棚里的一个个鸽巢就是品类，里面的鸽子就是品牌。

当然，并不是每一个鸽巢里都有一只鸽子。在逻辑上，"高价韩国汽车"是一个品类，但并没有高价韩国汽车品牌。

除去现代汽车推出的售价 4 万美元的现代 Genesis。

这是左脑思维的管理派会犯的典型错误，他们试图把一只鸽子关进两个鸽巢里，而消费者喜欢简单的事物。

现代汽车是廉价汽车还是高价汽车？如果它是廉价汽车，就不适合高价汽车这个鸽巢。

如果它是高价汽车，就不适合廉价汽车这个鸽巢。

消费者总是以价格作为导向，给新鸽巢选择贴上什么标签。总的来说，每个品类都有三个彼此区隔的小品类：高价、低价和中间价位。

就拿伏特加品类来看，灰雁是一只高价鸽子，而斯米诺（Smirnoff）是一只低价鸽子，绝对伏特加是中间价位的鸽子。

在连锁餐厅品类中，茹丝葵（Ruth's Chris）是高价鸽子，麦当劳是低价鸽子，橄榄园（Olive Garden）是中间价位的鸽子。

在瓶装水品类中，依云是高价鸽子，阿夸菲纳（Aquafina）是低价鸽子，波兰泉（Poland Spring）是中间价位的鸽子。

"只不过是名字不同。"在董事会里总能不断听到管理派重复着他们的颂歌，但是名字对创造一个新鸽巢的战略却是至关重要的。

那么，是什么创造了新品类？忘记客观现实吧。创造新品类的是消费者心智中的认知。

如果消费者相信它是新品类，那么它就是一个新品类。

建造新鸽巢需要时间

建立一个新品类需要很长的时间。就拿泰诺来说，它在1956年推出的时候是一个退热净处方药品牌，四年之后，这个品牌成为非处方药。

在进入药店销售渠道的8年之后，泰诺的年销售额还不足500万美元。到了1975年（该品牌推出19年后），泰诺投放了第一个消费品广告。

如今，泰诺是美国药店中最畅销的品牌。

缓慢的发展让品牌之间的竞争也变得较为平静。在很多年之后，拜耳才开始投放如下的广告来回应泰诺。

- "泰诺制造商，你省省吧！"（Makers of Tylenol, shame on you!）
- "不，泰诺并不比阿司匹林更安全。"（No. Tylenol is not found safer than Aspirin.）

这些广告是为"拜耳阿司匹林"所做。这里有个错误，如果你想要扼杀一个新兴品类，你不能刻意强调你既有的品类，你需要将你的品类拓宽，把新品类包含在内。

有机：是不是一个品类

除了全食超市公司和Horizon牌牛奶，至今还没有一家倾向建立品类的公司能够在有机品类中大有所成。

有很多企业正在扼杀有机这个品类。在任何超市的通道上走一走，你就能发现几十个例子，比如德尔蒙豌豆罐头和德尔蒙有机豌豆罐头。

尽管对"低碳水化合物"进行了很多公众宣传，但它从未能成为一个品类，也是因为同样的原因。几乎每个消费品生产商都用自己的品牌延伸进入了低碳水化合物行业，很快就扼杀了创造一个独立品类的机会。

潜在品类建立者会犯的一个典型错误就是试图做得太多了，例如，用一个品牌去覆盖一条很宽泛的产品线。

健康选择（Healthy Choice）用这个品牌推出了几百种产品。今天几乎很少有消费者能将"健康"作为一个品类，他们只不过把健康选择当作另一个品牌而已。

更好的做法是从聚焦的产品开始，打赢了品类建立战之后再扩大产品线。Horizon从有机牛奶开始，然后扩大了产品线，推出了牛奶的衍生产品：

黄油、芝士、酸奶油和乳酪等。

品类建立者容易犯的另一个错误是等候得太久。麦当劳推出顶级咖啡会扼杀了星巴克已经成功建立起来的这个品类吗？我们不这么认为，已经太晚了。

斯米诺在试图扼杀由绝对伏特加建立起来的顶级伏特加品类之前也等待得太久了。斯米诺黑钻伏特加（Smirnoff Black）无论是作为一个品牌还是一个品类杀手都没什么成就。

当灰雁伏特加出现后，伏特加品类中的竞争对手甚至都没有尝试进行扼杀。相反，它们推出了自己的超高端品牌——绝对伏特加推出了无极伏特加（Level），红牌伏特加（Stolichnaya）推出了 Elite。

谁会最终赢得这场营销战？真是愚蠢的问题。

当然是灰雁。

再次强调，一旦消费者认定新品类的存在，总是首先进入心智的那个品牌获胜。

第 17 章

管理派要传播
Management wants to communicate

营销派要定位
Marketing wants to position

在营销的要素中，传播究竟是什么？它是公司通过一个媒介向潜在顾客传达的信息。

比如早上你读了一份报纸，在这份报纸中有几百个用大量图片和文字组成的广告，如果有一种服务能够测量有多少文字、图片、想法或概念留在了你的脑海中，结果会是多少？

可能并不多。

2007年，美国媒体上广告投放量最大的三大品牌是美国电话电报公司（AT&T）、无线运营商弗莱森电讯（Verizon）和美国电信斯普林特（Sprint）。

AT&T花费了22亿美元，弗莱森花费了21亿美元，斯普林特花费了12亿美元。总计有55亿美元，相当于在每个美国人身上花费18.15美元。

有什么不同

这些花费的金钱里有哪些是AT&T的，哪些是弗莱森的，哪些是斯普林特的？我们不清楚。你知道吗？

- 佳洁士牙膏和高露洁牙膏有什么不同？
- 金霸王电池和劲量电池有什么不同？
- 维萨卡和万事达卡有什么不同？
- 阿夸菲纳（Aquafina）水和达萨尼（Dasani）水有什么不同？

尽管我们每天都接受大量的广告轰炸，但我们大部分人对我们所购买的品牌所知甚少。它们是怎么做出来的，它们在哪里生产，它们包含的成分是什么，为什么它比其他的品牌要好（或者是不同）？

并不是公司没有试图去传播这些信息。近一年来的广告支出总额约为2 900亿美元，即人均960美元（几乎是美国在伊拉克战争中开销的两倍）。

第17章
管理派要传播 营销派要定位

叛逆、大胆、出乎意料等

拿起杂志里的五折页广告，在其中两页上你就能看到以下39个描述：叛逆的、大胆的、出乎意料的、醒目的、真实的、自发的、稀奇的、迷惑的、坚定的、罕见的、傲慢的、挑衅的、直观的、真诚的、无畏的、非同寻常的、无礼的、刺耳的、纯粹的、不平常的、梦幻的、质朴的、自豪的、标新立异的、强烈的、顽强的、坚决的、诗意的、有活力的、深情的、非传统的、强壮的、浪漫的、可靠的、勇敢的、异端的、灵巧的、激进的、梦想的。

什么品牌能够融合所有这些优点呢？在折页的背面你会发现答案就是全新的315马力的FX45汽车。谁制造了令人惊喜的全新315马力的FX45呢？

就在下一页的页脚有一行小字："英菲尼迪，加速未来。"

这个广告有什么不对吗？不是成千上万的广告都像这样的吗？它们设想广告的首要功能就是传播。"说得多，卖得多"是古老的广告格言。

广告不是传播，广告是定位。最好的广告就是传播品牌的精华部分。

英菲尼迪是什么？我不清楚，你呢？我们所知道的英菲尼迪不是一辆"叛逆、大胆、出乎意料"的汽车。

英菲尼迪是一种日本汽车，它有一个强劲的对手——雷克萨斯。

劳力士是什么

你不需要通过传播过多的信息来建立一个品牌。对于劳力士，除了它是高价的瑞士手表外，你对它还有其他的了解吗？

"最好的"高价瑞士手表。

你知道劳力士是在哪里生产的吗？你知道它是怎么做出来的吗？它和

其他的高价瑞士手表又有什么不同？事实上，除了它是最好的、高价的瑞士手表这一点外，你还有其他了解吗？

也许没有了吧，你也不需要知道太多，只要知道它是最好的瑞士手表就可以了。这就是劳力士的定位。

作为一个信息容器，大脑不足以容纳所有的营销信息，尽管大多数公司都试图将自己所有的营销信息塞入潜在顾客的心智。传播那些绝非必要的信息只会适得其反，事实上，这样会削弱营销策划的影响力，也会削减品牌的神秘性。

一个营销机构的首要职能就是对品牌进行定位，这也是我们应该时刻铭记在心的目标。

如果你了解了在潜在顾客的心智中留下的信息是多么有限，你一定会非常震惊。就拿彼得·德鲁克来举个例子。

对管理人员来说，彼得·德鲁克是一位"终极"管理学大师。

但是你知道他的原则是什么吗？对管理一项业务，他会说什么？

"哈哈哈……他是一位管理大师。"也许一般公司的执行官都会这样说。将他定位在一个崇高的位置，人们还需要了解更多吗？没什么必要了。

蓄势待发想要取代彼得·德鲁克的是《执行：如何完成任务的学问》（Execution: The Discipline of Getting Things Done）一书的作者之一拉姆·查兰（Ram Charan），他也是《财富》和《商业周刊》最受欢迎的撰稿人之一。

彼得·德鲁克的离开使得心智中"终极管理大师"的位置空了出来。当然，也会有一个候选人正等着接替他的位置。

知道太多会破坏进程

政治家们早已熟知这一原则。如果有一位政治家在选举中想在每个议题上都有自己的定位，那么他就有可能冒犯到每个人，也很可能因此失去大家的选票。

希拉里·克林顿的问题在于选民们太了解她了，而奥巴马则是一张白纸。

当人们对一个政治家的认识像一张白纸时，根据他"外表和行为的一部分"，选民便可以将自己相关的正面特性投射在这个候选人身上。

此外，奥巴马做出了极其英明的决定，就是将他的整个竞选主题都聚焦在一个简单的词上面——"变革"。当其他候选人还在尝试传播一个广义的想法或概念时，奥巴马已经将自己定位成"变革"的代言人。

用"变革"来抗衡被认为是长期的华盛顿内部人员的希拉里·克林顿是有效的。在与被认为是又一名共和党政客的约翰·麦凯恩的抗衡中，"变革"也发挥了作用。

"更好的馅料，更好的比萨。"棒！约翰这么说。棒！约翰现在已经成为美国第三大比萨连锁店，并且是美国发展速度最快的比萨连锁店，这都要归功于它自身出色的定位。

你知道更好的馅料是什么吗？你知道棒！约翰会用新鲜的番茄汁、真正的奶酪，并用蒸馏水来调和面粉吗？大多数人并不知道。

有什么关系吗？也许没什么关系。"更好的馅料，更好的比萨"足够将棒！约翰定位在必胜客和多米诺之上了。

值得注意的是，棒！约翰的成功不是因为它比竞争对手做出了更好的比萨（也许它的比萨确实比其他的好，也许不是）。棒！约翰之所以可以成功，是因为它在人们心智上创造了一个认知，就是它可以做出比主要对手更好的比萨。

这可不是个简单的任务，许多管理派总是认为一个好的产品自然就可以创造一个好的认知，事实却并非如此。

棒！约翰之所以能在人们心智上创造一个好的认知，是因为它灵活应用了定位的战略来促使消费者将棒！约翰品牌放置于其他比萨的"上一台阶"。

如果你研究一下那些广告词，就会发现许多品牌"声称"要做得比竞争对手好，但是大多数的品牌却没有更好地定位自己。

应该传播还是定位

这是每家公司在开始一个营销策划前都应该问自己的问题。

看看汽车行业的传播问题。不要从传播者的角度，而是从受众的角度来看这个问题。

目前汽车行业有成百上千的车型。《消费者报告》的2008年购车指南回顾了240种不同的车型，并对年度6大车型中的17个不同的故障点进行了单独的等级评定。

有多少消费者会去注意这个细节的价值？极少。大多数消费者都会比较钟情于一两个特定的品牌。

他们来到经销商那里，踢踢轮胎，仔细查看轮胎，看看车子内饰是否有茶杯架，坐在后座伸展双腿感知空间，最后决定到底要买哪一辆。

你能否给FX45汽车一个定位？事实上，在大多数情况下你是做不到的，独立的车型太多了，以至它们不容易在普遍的心智中形成独有的认知。

最好的做法就是对汽车品牌进行定位。目前只有少数的汽车品牌已经这样做了。雷克萨斯是奢华的日本汽车，但是英菲尼迪所占有的形容词是什么呢？或者说它们想要占有的形容词是什么？或者说它们可以拥有什么形容词？

英菲尼迪的左脑思考的管理派高管应该问问自己这些问题。

第 18 章

管理派希望顾客永远忠诚
Management wants customers for the long haul
营销派乐见顾客阶段性追捧
Marketing is happy with a short-term fling

管理派是贪婪的，他们想要客户一生的忠诚度。事实上，管理派会问市场部的一个典型问题就是"我们普通客户的终身价值之一是什么"。

也许一家公司能靠长时间维持其客户的满意度来获得收益。

在理论上讲，这个想法很不错，但它常常会导致公司走上错误的道路。

顾客终极满意度

这是土星汽车的战略。舒适的展厅、随和的销售人员、没有讨价还价，"一家不同的公司，一种不同的汽车"。

第一款土星S系取得了广泛的成功。当这些土星的客户都逐渐年长并变得富有时，土星会怎样呢？

土星的管理派胸有成竹地做了决定："没问题，为了满足客户，我们将推出L系，比S系更大更贵的车型。""土星的下一件大事。"（多有逻辑的想法啊！）

这一步有点糟糕。S系销售下降，因为这款车型已经是"老掉牙"了；L系的销售没有起色，因为消费者认为L系的售价"对土星这个品牌来说，有点贵了"。

对年轻人和事业才起步的单身人士，土星是很不错的选择。然而当你渐渐成长，事业有所提升，赚到了更多的钱以后，你还会想买一辆价格更高的土星汽车吗？

我们知道大多数年轻人宁可拥有一辆宝马汽车。当你的生活更上一个台阶时，你需要品牌来映衬你的新地位。

当你结了婚并有了小孩之后是什么想法呢？你还想要让你的家人挤在一辆土星SUV里吗？

我们知道大多数年轻人想要一辆沃尔沃，那表示你很关心家人的安全。

按照事物自然发展的顺序，当你离了婚，接下来会怎样呢？你的妻子带着孩子开着沃尔沃，而你则去买法拉利了。

让你的顾客离开你

不要只想着争取更多的地盘，你可以在属于自己的土壤中坚持不懈地施肥灌溉，就能建立一个更好的品牌。让你的顾客离开你，让他们在生命的阶梯上往上行走。

发生在汽车行业的情况同样也会发生在服装、化妆品、啤酒、烈酒、手表和许多其他的消费品行业。你该知道，当你把那些旧品牌逐渐抛掉时，你的生活正在逐步提高。

当你还是个小孩子，也许去一趟麦当劳是一天中最高兴的时候；慢慢长大后，你也许宁可去温迪；大学毕业后，也许你会到澳拜客牛排店（Outback Steakhouse）约会；当你升了职，也许你会和妻子在茹丝葵餐厅（Ruth's Chris）一起庆祝。

之后，当你结了婚并有了孩子，你又会被孩子拽回麦当劳。

十几岁的时候，你也许会戴着斯沃琪手表去上高中。之后带着精工表去上大学，毕业后也许会收到一块劳力士手表。

品牌是生命阶梯上每一个阶层的标志。你在生命阶梯上不断往上行走，更换你的那些品牌就成为你衡量进步的标准。

年轻的女士也许会在盖普专卖店买衣服。当她渐渐年长，她会选择到梅西百货公司去。当她的财富不断增加，她就会到高档百货连锁零售商诺德斯特姆去了。

年轻人喝啤酒，年纪大的人喝红酒。啤酒价格便宜，所以成为年轻人群的酒精饮料。

啤酒因带有了年轻人的身份象征促使年长的人群转向选择红酒。在一个精致的餐厅里就餐，很多年长的人点啤酒都会感到局促不安。

有这样一种错觉：品位会随着年龄的增长而改变，这是无稽之谈。啤酒位于酒类阶梯的底层，而红酒则是酒类阶梯的上层。正因为如此，高价的啤酒不会卖得特别好，便宜的红酒也是一样。

品牌界定人群

我们选择品牌是基于这些品牌在我们心智中的定位和是否与我们对它们的认知相匹配。当一个品牌不再代表任何东西时，它就失去了力量。

在一些案例中，无视生命阶梯的存在，想要牢牢抓住顾客不放，通常要付出一家公司的代价。

李维斯这个品牌遇到麻烦了。1996年，公司的收入达到了顶峰，为71亿美元。随后，它就一直走下坡路，到2007年它的总收入已经下滑到43亿美元。

李维斯的一个问题是，它是年纪大的人穿的品牌，没有一个孩子想和父辈穿同一个品牌的衣服。

我们该限制李维斯牛仔裤的腰围不超过32英寸。让那些老人挺着大屁股，穿着威格（Wrangler's）的裤子到处去逛吧。

第19章

管理派钟爱优惠券和促销
Management loves coupons and sales

营销派憎恶之
Marketing loathes them

拥有825家连锁分店的梅西百货曾经有个很好的想法：减少发放优惠券，用玛莎·斯图尔特（Martha Stewart）和奥斯卡·德拉伦格（Oscar de la Renta）等时装商店的高级商品来吸引顾客。

然而这一举措并没有什么成效。《纽约时报》报道说："由于优惠券的减少，梅西百货被买便宜货的人群冷落了。"

于是梅西百货又180°转弯，回到它用了几十年的战略，用各种各样的优惠券地毯式轰炸消费者。

美国各地的管理派说："看看，我告诉过你吧，优惠券是如今零售业的命脉。"

优惠券为何成瘾

对一个以短期盈亏为出发点的理性思考者来说，优惠券是根本不用去想就能明白的事。公司清楚地明白它在优惠活动中的开销，也很清楚地明白零售商的收银机会收到多少优惠券。

凭借几个简单的数学加减计算，公司就能决定回到它的优惠券投资中去。毫无疑问，优惠券是广受欢迎的。

根据一家优惠券处理公司NCH近年的一项披露，经销零售包装消费品的公司发放了价值约2 790亿美元的优惠券，相当于每月向每个家庭发放2 600美元的优惠券。

根据另一份资料显示，包括宝洁和通用磨坊公司在内的20大生产商所发放的优惠券有60%被实际使用（这并不意外，优惠券中的绝大多数都是由这些大公司发放的）。

这仅仅是消费品行业的数据，还不包括由全国连锁的零售商、当地商店、餐厅和其他渠道发放出去的几十亿美元的优惠券。

对营销派来说，优惠券的实质和表象并不一致。优惠促销是一项几乎无法衡量的营销活动。

当然，要统计收银机收到的优惠券很简单，但是要统计使用或没有使用优惠券的顾客数量就几乎不可能实现。

也无法计算因手头没有近期优惠券而放弃购买的潜在顾客数量，无法衡量优惠券带来的降价活动给品牌造成的损害。

就像梅西百货发现的，一旦走上优惠券的道路，要打破这一习惯就很难了。

卷烟、大麻和优惠券

这三者都会让人上瘾。如果烟草本身不会让人上瘾，那些吸烟的人就会理智地不再吸烟了（甚至可能从一开始就不会去抽烟）。为什么人们还在用优惠券犯同样的错误？

营销上的成功和优惠促销是成反比关系的。商店或连锁店使用的优惠券越多，这个商店或连锁店就越不可能成功。

像星巴克等成功的连锁店几乎不发放优惠券。相反，它们的举措更像"反优惠券行动"。举个例子，你花15～100美元购买一张星巴克卡片，公司会把这笔钱存入银行并且获得利息，直到够你买一杯大杯的拿铁咖啡。

左脑思维的管理派把优惠券视为一种战略，右脑思维的营销派认为优惠券只能作为一种支撑。在你弄明白什么是真正的战略之前，它们也许能保持你的业务量。

当然，优惠券也不便宜。星期天的独立插页优惠券有1%的兑现率，每1000美元的成本是10美元。这意味着每一张兑换的优惠券都要耗费公司1美元，以及优惠券本身的成本和操作成本。

家居用品连锁店之间的战争

优惠促销之战就像是真正的战争,当斗争冲突结束时,双方的情况都比战前更糟。

优惠券也许是非常糟糕的战略,但是对一家正遭受攻击的公司来说也许是必要。同样,国家发起一场核战争并没有意义,但是如果一个国家正在遭受武装攻击,打这一场仗就是它唯一有意义的回应。两大主要家居用品商,Bed Bath & Beyond 和利纳斯(Linens 'n Things)年复一年的争斗都是围绕八折优惠券。每个月,两大连锁商都用八折的优惠券对消费者狂轰滥炸,只有那些爱挥霍的人才会不带着优惠券去购物。

尽管发放优惠券,家居用品品类中的领先者 Bed Bath & Beyond 还是运营得很好。在过去四年中,它的年收入增长已经达到了14%,平均年利润率达到了9.4%。

第二位的利纳斯也做得不错。在销售大幅度暴跌之后,公司努力提升销售额,在2005年被一家私人控股公司收购。最近,利纳斯申请了破产保护,正逐一关闭它的所有门店。

我们无从得知其中的原因,但是我们的感觉是利纳斯发起了优惠券之战,Bed Bath & Beyond 进行了反击。对一个跟风品牌来说这是糟糕的战略,但对领先品牌却是必要的战略。

优惠券带来的损害,消费品品牌只承受了一半,另一半是由销售额来承担的。

黑色星期五

感恩节的第二天是黑色星期五,也是美国零售商组织的购物狂欢节。

狂欢节早早就开始了，很多零售商都争相比拼谁的折扣力度最大。近年，在体育权威（The Sports Authority）连锁店，从早上5：30到中午11：30是"6个钟头踏破门槛"的时刻，全场7.5折。

在玩具反斗城（Toys"Я"Us），从早上5点开始一直到中午，商店开始"史上最低价"活动，全场5折起。

西尔斯商店从早上5点到11点，是"周五清早疯狂大减价"活动，每家西尔斯前200位客人都将获得10美元的回馈卡。

活力小子（Pep Boys）早上6点到11点，前50位客人可以得到价值10美元的购物卡。

另外一些促销手段就相当复杂了。在阿什利家居卖场（Ashley Furniture Homestore），早上7点到9点打8折，9点到11点打8.5折，11点到1点打9折，1点到关门打9.5折。

星期五是购物狂欢，而广告狂欢发生在周四，比如亚特兰大当地的报纸（《亚特兰大宪法报》）除了里面40张插页和358页广告，还有385个图片广告（这还不算为自己打的广告）。

美国零售商为了享受给消费者提供大幅度折扣的殊荣花了不少钱。

牛顿第三定律这样说：物体间力的作用是相互的。零售商们用大幅度的折扣销售产品所产生的反作用力是什么呢？

"你平常的标价太贵了"

很不幸，对于零售商来说，这就是从消费者的角度上看到的反作用力。

这是大多数的零售商想要传达给消费者的信息吗？我想应该不是。多数的零售商要传达给消费者的信息是，他们的门店以合理的价格销售质量好的商品，就像梅西百货曾经说的："节约是明智之举。"

优惠券、促销和消费者用会员卡所享受到的特价都在告诉消费者任何卖场都不是购物的好场所，除非减价的时候。

卖场促销就像吸大麻，短期的兴奋之后是长期的萎靡，为了再次兴奋起来必须要继续促销。

星期五在电路城（Circuit City）用499.99美元买了一台32英寸的HD液晶电视的消费者绝不会在周一用899.99美元的价格再买一台，而且他将会变得狡猾，除非电路城再打折，他才会再去买其他的大件电器。

打折竞赛究竟是为了什么呢？如果历史可以为鉴，可能会和航空业的结果是一样的。航空业将高价低价的策略完美地应用于营销领域，没有其他选择的消费者就给他们高价，而能找到便宜机票的消费者就给他们低价。

发生在航空业的事情也将发生在零售业，正如席慕斯（Syms）的广告语所说的那样：受到良好教育的顾客才是我们最佳的顾客。当消费者熟知了高价低价策略以后，他们将转向那些"天天低价"的卖场。

在航空业，"无餐食"航班以每天低价蚕食运用高价低价策略的大航空公司的市场。

沃伦·巴菲特有一段很著名的评说：如果有资本家出现在1903年的基蒂霍克，他很有可能把奥维尔·莱特（Orville Wright，发明飞机的莱特兄弟之一）射杀在地，这会给他的子孙省下好多钱。

我不同意。没有糟糕的生意，只有糟糕的策略。

在过去10年中，西南航空有7.3%的净利润率，超过了《财富》500强同期平均5.5%的净利润率。

都是打折，没有品牌建设

零售商"打折"这种想法的最悲哀之处就在于广告当中彻底忽视了品

牌建设。

我很快地翻完了《亚特兰大宪法报》感恩节那一期里面358页插页广告，几乎找不到哪家公司提到自己所代表的意义，只有打折、打折、打折。

很多零售店现在除了打折广告就没有别的广告可做了。家具行业以"无时无刻，低价打折"而闻名。

另外一个除了打折广告别的广告都不做的是Jos. A. Bank服装品牌，它的网页是这样的：

- 所有库存轻便大衣，4折；
- 所有针点白衬衫，原价59.5美元，现价29美元；
- 所有库存运动外套，4折。

几乎可以毫无疑问地说，零售商开始走打折促销这条路的那天就是这个零售商走向困境的开始。

强大的品牌几乎不做促销，我从来没看到过星巴克打广告说两杯卡布奇诺卖一杯的价格，我也没看到过苹果5折销售iPod，劳力士也从来没有半价销售过手表。

当感恩节那天，所有的零售商都竞相追逐在"打折、打折、打折"的广告之路时，全食超市在亚特兰大的报纸上打出了这样的广告："今天，我们对本地的建设者们心存感恩。"

这才是经典，才是强大的品牌。

第 20 章

管理派试图模仿竞争对手
Management tries to copy the competition
营销派想要站到对手的对立面
Marketing tries to be the opposite

你小时候一定玩过石头剪刀布的游戏，石头可以压剪刀，剪刀可以剪布，布可以包石头。

在石头剪刀布的游戏中，最好的战略是哪个？答案很明显，这取决于对方会出什么。

在营销中也一样，你最好的战略也取决于你的竞争对手在使用什么战略。

管理派好像很难从这个角度去思考。逻辑上，只会有一个"最好"的战略。他们总是想："如果我们的对手也用同样的战略，我们还要去尝试没那么好的战略吗？"

"更何况，我们的竞争对手都很聪明，它们一定知道自己在做什么。"

"我们只要用相同的战略，比对手做得更好就可以了。"

这是管理派的逻辑，"即使我们的对手错了，我们只需比它们做得好，就算做错了也照样能赢"。

在帆船比赛中的领头船也用同样的策略，"当第二名的船迎风转向的时候我们也转，这样无论如何我们都会保持领先"。

营销派看待这个情况就不同了，他们寻找成为对手对立面的机会，而不是模仿竞争对手。

可口可乐被普遍认为是"正宗货"、真正的品牌，是可乐市场长期的领先者，百事可乐如何成为正宗货的对立面呢？

可口可乐品牌的历史悠久（已经超过120年了），它是父辈们的饮料。

"百事新一代"

于是百事可乐做了对立面——年轻一代的可乐。百事的广告被《广告时代》杂志选为"20世纪100个最佳广告运动"之一（第21名）。

这么多年来，"百事新一代"是唯一一个让百事销量大增的营销战略。

第20章
管理派试图模仿竞争对手　营销派想要站到对手的对立面

也许你没有发现，几十年前"百事新一代"的广告就已经在电视上出现过了。为什么？因为在营销战场上，逻辑是老大。

"百事过去广告的缺陷在于过度聚焦年轻一代，"百事广告代理公司BBDO副总裁菲尔·杜森贝利（Phil Dusenberry）说，"如果广撒网能吸引更多的人群，而不单是年轻人的话，我们肯定能有更好的收益。"

吸引每个人和吸引年轻人之间的选择逻辑是显而易见的，但这种逻辑有一个缺点：忽略了消费者的心智。

一个产品若能吸引所有人，亦即说明这个产品毫无特质，它不能有所代表，这只是另一种可乐，不过比其他可乐要好一点。

我们在百事可乐当前的广告运动中不难发现独特性的缺失。"这是可乐啊（It's the cola）"是典型的左脑管理思维，"我们有更好的产品，老天爷作证，我们还会用足够的钱说服消费者认同这个事实"。

百事可乐和其他企业的管理派经常忽略的一个事实是：到达心智也许有捷径，但这并不意味着通往市场的道路也会很容易走。

一般喝可乐的都是年轻人，中年人偶尔也会喝。把可乐品牌塑造成代表年轻人"新一代"的产品，也会吸引年龄稍大但希望"思想永葆长青"的人。

企业的管理派常常做"由内至外"的推论。我们是什么？我们希望做什么？我们需要怎么做？CEO们常常为自己所做的事情吹嘘，而忽略了竞争对手。

营销派使用的是"他者推导法"。谁是这个品类的领导者？如果领导者不是我们，我们怎样站到领导者的对面？

很多年前，我们建议汉堡王采用跟麦当劳对立的战略，可惜我们的建议被束之高阁。

在美国市场上麦当劳是什么？它专为年轻人而设，尤其是那些被麦当劳叔叔吸引，拽着大人衣角的 2~6 岁的小朋友。因为这里又有吃又有玩，吃完麦当劳可以玩滑梯、荡秋千。

孩子，长大了吃火烤汉堡吧

这是我们给汉堡王提供的营销战略主题，对准过了玩滑梯和荡秋千年龄的大孩子和青少年进行诉求。

正如后来所发生的，汉堡王一心要跟在对手后面而做得更好，搭建比麦当劳更大的游戏空间，提供更好的儿童套餐——这就是汉堡王采用的"更好"的战略。毫无疑问，这个"更好"的战略基本上以失败告终，在汉堡王执意要以"更好"来战胜金色拱门麦当劳时，生意毫无起色，CEO 换了一任又一任。

在美国，汉堡王被认为是仅次于麦当劳的第二大的汉堡连锁店，而且这是从所有门店的销售总额来看的。但是汉堡王的单店和它的"汉堡"竞争对手比起来就远远落在了后面。

温迪、白色城堡（White Castle）、Carl's Jr.、玩偶匣（Jack in the Box）、Steak n Shake 和 Whataburger 的单店销售额都比汉堡王要高。

2007 年，Whataburger 的单店销售额比汉堡王高出 28%。

红牛之战

1987 年红牛的推出可算历史上最成功的新品上市案例，今天它的全球销售额为 33 亿美元。

红牛成功的秘密在于那个 8.3 盎司的罐子，它就好像一截魔棒——一个小罐子可以成为一个绝佳的能量饮料视觉标志，它暗示里面装着的东西效用很强烈。

随着红牛的迅速崛起，世界上的饮品企业都想进入能量饮料市场。

杂货店和便利店里满架子都是这样的饮料，红牡马（Red Stallion）、红线（Redline）、红魔鬼（Red Devil）、红色警戒（Red Alert）、铁杆派卫士（Pit Bull）、公牛万岁（Viva Toro）、蓝牛（Blue Ox）、黑狗（Dark Dog）、美国大力骑士（Power Horse USA）、能量爆炸（Bomba Energy）、Go-Go Energy、大麻苏打水（Hemp Soda）、Deezel、Adrenaline Rush、极致能量（Extreme Energy）、Invigor8、Hype、Wired等。

它们无一例外地都装在8.3盎司的易拉罐里。

除了怪兽（Monster）——第一个以16盎司易拉罐子包装的能量饮料。怪物自然很快成为美国销量第二的能量饮料。

无论是名字还是包装，怪兽看不出任何抄袭红牛及其8.3盎司的痕迹，生产商汉森天然企业（Hansen Natural Corporation）采取跟红牛对立的战略并获得巨大成功。赋予怪兽的成功不同寻常意义的是16盎司的包装对能量饮料并不是很好。8.3盎司在能量的暗示上更有表现力。

2007年，《福布斯》杂志将汉森列为美国200家最佳小企业中的第一名。自从2002年年底怪兽推出，汉森股票在5年里增长了84倍。

当能量饮料战争打响的时候，世界最大的饮料公司可口可乐在做什么呢？

当然是忙着模仿竞争对手去了。可口可乐第一个尝试是推出KMX，同样是8.3盎司的设计。

接着是Full Throttle，16盎司的罐子——照抄怪兽。人们看到了放在货架上的Full Throttle，但心里明白这不是怪兽。

最后，可口可乐采取了大公司通常的招数：产品延伸，推出Tab能量饮料。现在，Tab除了顺利成为在挤满跟风品牌品类里的一分子之外，它什么都不是。

香槟之战

营销中几乎找不到一个可以跟香槟（Champagne）媲美的例子了。这种会冒泡的葡萄酒来自法国一个叫香槟的地区。香槟这个名字太强大了，以致多数消费者认为气泡酒是一个完全不同的品类。

香槟给世界上最大的气泡葡萄酒出产地之一的西班牙引发了一些问题。西班牙给它们的这种酒起名叫Cava，Cava让人想起冒泡红酒聚在一起形成的小洞（cave）。

《国家餐馆新闻》（Nation's Restaurant News）这样写道："说到价值，也许没有国家能在提供廉价气泡方面能跟西班牙一比。"

但这恰好是Cava的问题，它是香槟的仿牌，只不过更便宜。

提高价格吗？销售会跌得很厉害。它是香槟的复制版，提价对它来说无异于自杀。

我们曾多次建议Cava厂商推进"对立"战略。

Cava怎么跟香槟对立呢？

先从瓶子开始。每个Cava厂商都试图隐藏Cava这个品名。在一个领先品牌那里，Cava甚至没有在标签上出现——它被隐藏在软木塞上端的锡纸上。

Cava这个名字应该跟酒本身品牌名一样大，字体也要一样粗（作为一个行业机构，Cava管制协会应该把Cava这个品牌名在全球的主要国家都进行注册）。

当人们想到香槟的时候，他们想到的是什么？

"特别的时刻。"

明证是千禧年前夕1999年香槟的销售增长了28.6%；接下来的2000年，销售额飞快跌至低于1998年的水平。甚至今天，它的全球销量再也没超过 1999 年。

作为对立面，Cava 应该是"可用于每一天"，表达这个概念的其中一种方式是："有了 Cava，每一天都是特别时刻。"

（在餐厅里会有这样的经历：你点了一瓶售价 35 美元的红葡萄酒或白葡萄酒，服务生不会有任何疑问。如果你点了一瓶售价 35 美元的 Cava，服务生会问："您庆祝什么？"）

一个可以创建世界性领导品牌的概念居然这么简单，这真是让人讶异。

- "终极驾驶机器"
- "钻石恒久远"
- "Cava 日日庆"

为何 Cava 的管理派拒绝了这个概念？

因为他们觉得这个概念没有感情力量。事实上，在被消费者重复无数次之前，一个战略概念往往是没有情感力量的。就像在耐克展开营销策划来推广"Just do it"这个概念之前，它不具备任何情感力量。

对于企业管理派来说，识别一个用文字表达的概念确实是一件难事。你不能依赖直觉来做判断，我们经常在美国企业的董事会上听到的一句话是："我对它没感觉。"

营销派知道，对任何新想法都很难有感觉。你首先要理解"对立"这样的营销定律，然后你才可能对它们产生感觉。

拿铁咖啡之战

咖啡连锁店唐恩都乐（Dunkin'Donuts）在星巴克之前就取得了巨大的成功。作为拥有 58 年历史的咖啡连锁巨头，看到原本由自己主导的领域被星巴克抢占，唐恩都乐一定很烦恼。

在过去的几年中，唐恩都乐一直都跟随最流行的趋势：百吉饼、松饼、热三明治和高端咖啡，而它在所有这些产品方面都没有公信力。

星巴克不仅仅是唐恩都乐的警钟，它同时也是唐恩都乐的机会。很显然，唐恩都乐的出口就在于迅速回归到咖啡上，再成为对立面。

星巴克是高价的、慢成的和具有身份地位的，这对建立一个高端品牌是很好的特性。但在低端品牌，同样也有机会。

唐恩都乐是人人能买得起的、速成的和亲民的。这是一个没有虚伪的地方，勤劳的美国人都会喜欢。要取得真正的成功，唐恩都乐应聚焦于"快速"。

忘记"买得起"，大家都已经知道了。此外，"买得起"也不是一个利益点，就像它在告诉消费者，唐恩都乐的咖啡没有星巴克的咖啡好。

"快速"则包含另一个利益点，它告诉消费者他们的时间是宝贵的。这对星巴克的高层次消费者也有特殊的吸引力。

在星巴克的等待是消费者抱怨最多的问题，而售价是其后的第二大抱怨。

要提高速度就要减少唐恩都乐菜单上现有的选择项，除非着眼于速度，否则很难打败星巴克。消费者宁可在星巴克里排队等候，也不愿在唐恩都乐里等。

"现在是唐恩都乐时刻。"这是忙碌而没有时间（或金钱）浪费在星巴克里的美国人驻足停留的地方。

"米勒时刻"在啤酒领域为米勒啤酒创造的成绩（这个品牌从毫无起色变成仅次于百威的第二大啤酒品牌），"唐恩都乐时刻"同样能在咖啡领域有所作为。

你很少能看到公司使用此类如此简单的营销设想，因为它们几乎不会被那些左脑思维的管理派通过。

他们对这个没感觉。

赫兹、安飞士、英特普莱斯

赫兹成立于1918年,曾经以首先进入租车品类而成为全美最大的租车公司,它的第一个店开在哪里?

请注意,这是查尔斯·林德伯格(Charles Lindbergh)独自飞越北大西洋的九年之后。赫兹开始营业的时候,还没有"飞机乘客"这个说法,因为当时还没有出现航天工业。赫兹的店开在乘客络绎不绝的地方,通常是闹市区(芝加哥是他们第一个进入的城市)。

安飞士创建于1946年,它选择跟赫兹对立。安飞士没有跟赫兹做正面竞争,企业家华伦·安飞士(Warren Avis)将焦点放在机场候机厅门前,由此迅速成为美国第二大的汽车出租公司。

它最早的名字是安飞士飞机场租车(Avis Airlines Rent-a-Car)。

战后航空交通量大幅上升,所有大租车公司都将运营重点转向机场,这创造了跟赫兹对立的条件。

1957年企业家杰克·泰勒(Jack Taylor)新成立一家租车公司,这家叫英特普莱斯租车(Enterprise Rent-A-Car)的公司于20世纪60年代在城市郊区开始营业,它们的特长是"汽车保险之外的补偿"。

英特普莱斯专为遭遇交通事故、机械维修或汽车被盗之后的消费者提供租车服务,它将营销活动聚焦在保险经纪人和保险理赔顾问这些人上。对此,英特普莱斯的现任首席执行官、创始人之子安迪·泰勒(Andy Taylor)开玩笑说:"我们最主要的销售方法就是抛出甜甜圈。"

英特普莱斯目前统领美国租车行业,公司规模大过赫兹。最近一年,它的总收入为90亿美元,赫兹是81亿美元;虽然大约90%的业务都在美国,但英特普莱斯仍处于领先地位,而赫兹在世界145个国家设立分公司,英特普莱斯仍领先于赫兹。

闹市—候机厅—郊区，在租车行业的每一个竞争阶段，常规型思维都可能会拒绝做出改变，因为这不符合管理派的思维——"到有市场的地方去"。

然而这却恰恰验证营销派的营销思维——"到没有市场的地方去"。

适用于任何品类的战略

美国第二大的家居百货连锁劳氏是如何取得进步以抗衡家得宝的？

家得宝是仓储式家居百货连锁的领先品牌，它从一开始就设计成随意堆放货品以吸引男性顾客。

劳氏着力将卖场陈列布置得整齐干净，宽敞的走道和明亮的光照使之形成对女性顾客特有的吸引力。在此过程中，劳氏成为成长速度最快的家居百货连锁。

弗拉席克（Vlasic）是美国最畅销的腌菜品牌。克劳森（Claussen）把产品从货架移到了冷柜，自称为"新鲜"腌菜，由此成为强大的第二品牌。

万宝龙（Montblanc）的钢笔都是"胖胖"的，它主要的竞争对手（Cross）聚焦于细长的钢笔。

Flip 在一年之内占到美国摄像机市场 13% 的市场份额，成为摄像机最畅销品牌。Flip 小巧简化的摄像机与大型消费电子公司（索尼、三洋、松下、佳能、JVC 和三星）生产的体积庞大、操作复杂、价格高昂的摄像机形成了对立。

卡罗韦（Calaway）生产特大型球杆[大百发（Big Bertha）]，成为领先的高尔夫俱乐部公司，而它的竞争对手出售的是常规球杆。

王子（Prince）因出售特大的网球拍而成为网球拍的领先品牌，它的主要竞争对手出售的都是常规网球拍。

李施德林（Listerine）是口味不好的漱口水，于是斯科普（Scope）推出好口味的漱口水，成为该品类的第二品牌。

芭比（Barbie）是外观好看的娃娃，而贝兹（Bratz）以形象丑陋成为玩具娃娃的第二大品牌。

传统的结婚和订婚戒指都是黄金的，于是 Scott Kay 聚焦于铂金首饰成为美国最畅销的珠宝品牌，"铂金一代"。

不胜枚举。

第 21 章

管理派不愿更改品牌名
Management hates to change a name
营销派则欢迎新品牌名
Marketing often welcomes a name change

可能你错过了这则新闻，拥有513家三明治连锁店的斯乐斯基（Schlotzsky's）已经申请破产。

斯乐斯基怎么了？如果你相信报纸上写的，那都是一些最常见不过的原因：快餐行业内的激烈竞争、一成不变的菜单、不良的操作流程、投放量不够大的广告宣传等。

当问题出现的时候，为什么管理派从来不归咎于一个最明显的事实——品牌名字本身？

斯乐斯基？拼写、发音都很难，连谷歌搜索都很困难。另外，这个名字的第一个音节读起来很接近"schlock"，是"廉价次品"的意思。

"你所能做的最重要的营销决定"

几年前，我们写了《定位》一书，"在定位时代，你所能做的一个最重要的营销决定就是给你的产品取什么名字"。

今天，在定位理论提出25年之后，很多左脑思维的管理派对此仍然没有确信。这也是现在市场上大把没有希望的品牌存在的原因之一了。

这些品牌中卖不动的可不只一些，而是有很多。如果你把价格定得足够低，只要名字不是极其糟糕，它就能卖得动。现代汽车每年在美国几乎要售出50万辆。

但是你曾听到别人说过这样的话吗——"羡慕吧？我买了一辆现代汽车"？

更糟糕的是，现代的Genesis新款汽车旨在与梅赛德斯-奔驰、宝马和雷克萨斯竞争。

"我们对是否要推出一个新品牌进行了很多次讨论，"现代公司执行官说，"但是我们最终决定提升现代品牌的形象，使我们的经销商能够获益更多。"

Genesis车系不但没有提升现代的品牌形象，反而带来了更多混淆，"我没听错吧？一辆4万美元的现代汽车？"。

消费者发现要将一个糟糕的名字与正面的认知联系起来是很难的 [现代这个名字让我们想起一战中的战斗口号：破坏者！去死吧！（英文：Hun! Die! 读音与现代的英文读音很相似）]。

管理派坚持不更换品牌名总是出于同一个原因：他们认为不是名字的问题，而是产品、服务或价格的问题。

绝非如此。问题在于人们对产品、服务、价格的认知。

而负面的认知总是和糟糕的名字在一起。

东方航空的问题

我们曾用了很多时间来说服东方航空（Eastern）的管理层："东方"不是一个好名字，对一家同时飞西海岸的航空公司来说，"东方"的概念并不恰如其分。

而且，"东方"不是"好服务"的代名词。

纽约的东区是无礼、粗鲁、草率等行为的代名词（东区是一个难以生存、快速变化、几乎没时间体会生活曼妙的地方）。

曾经的宇航员、当时的东方航空总裁弗兰克·波尔曼（Frank Borman）先生并不这么认为。在给我们的回复中他写道："你们忽略了这个名字背后有将近57年的历史。"

一般人都会告诉你不要去改变一个已经用了57年的名字。

（东方航空在申请破产保护之前一直留存了60年。）

更稀奇的是一个亚特兰大的投资集团曾意图用5.5亿美元重新启用东方航空，并把名字改为"新东方"。庆幸的是，投资机构还不会为这一愚行买账。

名字糟糕就是名字糟糕，叫它"新的坏名字"并不能改变人们对它的认知。

但是有一个营销上的细微差别是管理派很容易忽略的。

东方航空应该换一个名字吗？不，人们会觉得即使换了名字，它还是那家航空公司。

我们的建议是什么呢？跟西方航空公司（Western Airlines）合并，为更换名字创造一个合理的理由。而且，这两家公司合并之后会被视为"全国性"航空公司，抹去之前"只飞东海岸"的错误认知。

（当时西方航空是一个合适的合并候选，后来它被达美航空收购，但这家公司并不需要一个新名字。）

"绝不可以改名字！"

作为营销顾问，时常有正在寻找新战略的公司来与我们接洽，这些公司总会事先对我们强调："绝不可以改名字！"。

唉！这直接排除了我们完成任务的可能性。

加拿大国际航空公司（Canadian Airlines）曾与我们接触，并且提出了同样的要求。但是如果不换名字，人们如何把它和加拿大枫叶航空（Air Canada）区别开来？而后者正是加拿大航空业内最大的航空公司。不更换名字就能区别这两家航空公司，几乎是不可能的。

国泰航空公司（Cathay Pacific）也有过相同的要求。名字是很重要的。消费者相信，不论对错，一家公司的名字总是有它真正的含义。它可不是在一堆没有经过认真考虑的名词中随便挑选出来的。

我们知道太平洋在哪里，但是Cathay在世界上的什么地方？我们告诉管理派不能把 Cathay 用在航空公司的名字上，除非人们都知道 Cathay 在什么地方。这又是一个我们不可能完成的任务。

美国第三大的房地产商帕尔迪（Pulte Homes）公司也找过我们。购房族对他们的特朗普套间很自豪，但购房族会对帕尔迪住房也同样自豪吗？

"我刚买了一套帕尔迪。"我们无法想象会有很多购房族自夸帕尔迪，所以我们建议这家公司要换一个新名字。

我们得到的答复是"帕尔迪先生绝对不会同意"。这又成了我们不会接手的任务。

如果拉尔夫·礼夫诗兹（Ralph Lifshitz）当时也抱同样的态度，如今他会有什么成就？庆幸的是，礼夫诗兹先生很明智地把名字改成了拉尔夫·劳伦（Ralph Lauren）。

消费者按照字面意思来理解名字。说出来令人吃惊的是"它不是黄油"（It's Not Butter）是美国最畅销的人造黄油品牌。消费者会想："它的味道一定很像黄油，要不然他们就不会用这个名字了。"

再来看奇奇休闲餐饮店（Chi-Chi's）的例子，这个著名连锁店几年前破产了。奇奇餐厅是什么？谁能把这个名字和它提供的墨西哥食物联系起来？（如今人们对墨西哥食物的兴趣度还是与日俱增的，可是它却用了一个既马虎又不响亮的名字，把好端端的墨西哥连锁餐饮店葬送了。）

"Chi-Chi"是墨西哥语中形容女性胸部的黑话，这样的名字怎么会被选中呢？这太平常不过了，很有可能是会议室里的玩笑，几个人草率地写了几个名字，然后挑中了那个听来最好笑的一个。

管理派也会缩短名字

令人吃惊的是，有时候管理派也会全心全意地认可更改名字的提议。

此时，他们认同的提议是将名字缩减，甚至用首字母来替代整个词。

管理派钟爱首字母和字母缩写，在备忘和电子邮件中很频繁地使用着。他们用股票代码来记忆自己感兴趣的公司（看电视的人都知道，如果不知道用公司的首字母组成的股票代码，你在 CNBC 频道上就查不到这只股票的价格）。

此外，如果你像很多管理派的想法一样，要用一个品牌涵盖出售的所有产品，那么这个名字本身就不能有任何特殊的含义了。首字母恰好能实现这个目的。

在我们 1981 年出版的《定位》一书中，我们提出了"无名陷阱"（no-name trap）的概念。当年，在美国《财富》500 强的公司中有 27 个"无名"公司。

如今，这个数字已经达到了 46 个，将来也许会更多。

是什么驱使公司用没有真正含义的首字母取代一个真正的好名字？原因有两个。

"越短越好"的观点就是其中一个原因。在今天快节奏的世界上，一个冗长的名字是不利的。所以广告代理机构 J. Walter Thompson（智威汤逊广告公司）把名字改成了 JWT。

J. Walter Thompson、Doyle Dane Bernbach（恒美广告公司，现为 DDB）、Foote, Cone & Belding（博达大桥广告公司，现为 FCB），这些名字如今都只能在历史书上看到了。

第二个原因就是市场上的变化。智威汤逊广告公司是做传统广告代理的，这个广告机构很明显想要扩张进入互联网等非传统媒体领域。他们或许想要一个不会将自己锁定在过去的新名字。

然而效果适得其反。用首字母缩写组成的 JWT 作为新闻名，这个广告代理机构就将自己永远地和 J. Walter Thompson 联系在了一起。

第 21 章
管理派不愿更改品牌名 营销派则欢迎新品牌名

要创造一个与原始单词表达已经建立起来的认知完全不同的新认知，仅用字母的组合是几乎不可能实现的，字母的缩写反而会提醒人们想起以前。

Kentucky Fried Chicken（肯德基）想要摆脱"Fried"（油炸）一词所指的"不健康"的意思，于是这家公司把名字改成了KFC。

接下来发生了什么？当消费者看到KFC的标识时，他们会想"Kentucky Fried Chicken"（肯塔基州炸鸡）。

[KFC正在酝酿第二个首字母方案。一些经销商已经收到了重新命名餐厅品牌的选择：Kentucky Fried & Grilled Chicken（肯塔基州油炸和烧烤鸡块）。]

这些字母代表什么

消费者不是笨蛋。当他们看到字母时，他们会试着把字母所代表的全词拼出来。

- GE就变成了General Electric（通用电气）；
- HP就变成了Hewlett-Packard（惠普）；
- IBM就变成了International Business Machines；
- MTV就变成了Music Television（音乐电视）；
- IRS就变成了Internal Revenue Service（美国国内税局）；
- FBI就变成了Federal Bureau of Investigation（美国联邦调查局）；
- USA就变成了United States of America（美利坚合众国）。

但愿我们新上任的高管不要顺着老路掉进"无名陷阱"，"我们不希望被认为是独立州邦的集合地，我们希望被看作一个单一的整体，一个独立的国家。我们就请WPP下面的JWT把我们的名字改成USA吧"。

但如果公司的字母组合并不代表任何实际的意思呢？消费者就会很困惑，也就很难把这些字母记住。

如果你的品牌名字已经很出名了，你就可以用字母组合成一个简称（想想JFK或FDR）。如果你的品牌名字还没有成名，仅仅用字母只会让它离成名越来越远。

皇家飞利浦电子（Royal Philips）为它独立的半导体公司选了个名字叫NXP，NXP代表什么？

什么也不是，但公司的首席执行官说这个名字传达的意思是"活力和娱乐"。

在我们看来，这不过是美好的愿望。NXP这个名字只传达了一个意思：这些字母代表的是什么？

钟爱的表达

向管理派解释别名所扮演的角色使取名字这件事变得很复杂。

每个品牌都需要两个名字：一个真正的名字和一个简称。为什么？别名能帮助消费者和他们所青睐的品牌建立更加亲近的关系。

例如，我们都注意到两个关系非常亲密的人彼此之间通常很少直呼其名，而是用"甜心""亲爱的""宝贝"或类似的表达。

如果你的配偶正式把她/他的真名改成了"甜心"，那是因为这是你经常叫她/他的名字。猜猜接下来该怎么办？你不得不换个昵称了。

JWT刚刚弄丢了自己的别名，我们现在叫它什么呢？

J？

麦当劳应该把名字改成有很多顾客在用的简称"Mickey D's"吗？

绝对不要。

事实上，Mickey D's 是麦当劳品牌所具备的最好的特征之一。这个简称增强了麦当劳一直运作的广告主题"I'm loving it"（我就爱麦当劳）。

哈雷－戴维森（Harley-Davidson）应该把名字改成 HOG 吗？它既是哈雷－戴维森的简称又是这只股票的代码。

[HOG 作为简称，也代表了哈雷车主俱乐部（Harley Owners Group）。]

珍妮弗·洛佩兹（Jennifer Lopez）要把名字改成 J.Lo 吗？

汤姆·克鲁斯（Tom Cruise）和凯蒂·赫尔姆斯（Katie Holmes）要把他们的名字改成 TomKat 吗？

布拉德·皮特（Brad Pitt）和安吉丽娜·朱莉（Angelina Jolie）要把他们的名字改成 Brangelina 吗？

联邦快递公司曾经有个很不错的简称：FedEx。现在公司把名字也改成了 FedEx，那顾客要用什么简称呢？

FE 吗？

有很多深得青睐的品牌都有自己的简称，如果这些品牌把简称作为真正的名字，反而会毁于一旦。

- American Express（美国运通）：AmEx
- Budweiser（百威）：Bud
- Coca-Cola（可口可乐）：Coke
- Corvette（克尔维特汽车）：Vette
- Cosmopolitan（全球著名的主要针对女性读者的时尚类杂志）：Cosmo
- Jaguar（捷豹）：Jag
- Macintosh（麦金塔电脑）：Mac
- Marks & Spencer（马莎百货）：Marks & Sparks
- Stolichnaya（红牌伏特加）：Stoli

管理派"越短越好"的观点如何？比起冗长的品牌名，消费者确实通常更喜欢简短的名字。

只要看看超市货架上那些显眼的品牌就知道了：All、Cheer、Crest、Dawn、Dial、Dove、Heinz、Lay's、Pam、Pert、Pledge、Post、Rotz、Scope、Silk、Tide 等。

视觉上的简短 vs. 语言上的简短

JWT 看起来比 J.Walter Thompson 要短，但是念起来并没有长短的差别。

它们具有相同的读音长度——都有 5 个音节。JWT 中，J 有一个音节，W 有三个音节，T 有一个音节；而另一个名字按照单音节划分则为：J-Wal-ter-Thomp-son。

奇怪的是，语言表达上的长度比看起来的视觉长度要重要得多。因为品牌的建立要靠口碑。念起来短的品牌名就更容易被消费者转述给朋友、邻居和亲戚。

事实上，消费者一般试图简化品牌名是为了让传播的过程变得更为简单。用 Chevy 来称呼 Chevrolet（雪佛兰），用 Caddy 来称呼 Cadillac（凯迪拉克），用 Mercedes 来称呼 Mercedes-Benz（梅赛德斯－奔驰）。

以我们的经验，J.Walter Thompson 从未被称为 JWT（5 个音节），它常被称为 J.Walter（3 个音节）。

Doyle Dane Bernbach 也从未被称为 DDB（3 个音节），它常被叫作 Doyle Dane（两个音节）。

同样，Foote，Cone & Belding 也从未被称为 FCB（3 个音节），它常被叫作 Foote Cone（两个音节）。

几乎总是如此，消费者选择的简称念起来都比品牌真正的名字要短。

有极少数的情况，他们会选择和品牌名读音长度一样的简称（例如 Mickey D's）。但几乎不会选择读起来比品牌名更长的简称。

有人能告诉我们为什么西北航空（Northwest，两个音节）的管理派要在他们的飞机上画上标识 NWA？会有人把 NWA（5 个音节）作为西北航空的简称吗？我们可不这么认为。

庆幸的是，与达美航空的合并终于解决了这个问题。

词比字母更具效力

最好的证明就是在使用上，词比字母要广泛得多。消费者总是想把一个字母组合转换成用一组词的首字母组合而成的新词。

- 用"Radar"（雷达）而不用 R-D-A-R 来表示"radio detecting and ranging"（无线电探测）；
- 用"Laser"（激光）而不用 L-A-S-E-R 来表示"light amplification by stimulated emission of radiation"（受激辐射式光频放大）；
- 用"Gap"而不用 G-A-A-P 来表示"generally accepted accounting principles"（公认会计原则）。

在词和字母之间选择，几乎每个人都会选择词。你可以用 AIDS 来表示"acquired immunodeficiency syndrome"（获得性免疫缺陷综合征），但是没有人会这么说。大多数人称之为"Aids"（艾滋）。

为什么？因为作为一个词"Aids"（一个音节）念起来比字母组合（4 个音节）要短。

从亚特兰大的 YMCA 穿过一条街就是 IHOP 餐厅。为什么人们会说"Y-M-C-A"（4 个音节），而不说"I-H-O-P"（也是 4 个音节）？

因为人们能够把 IHOP 转换成一个双音节的缩写词"I-hop"。

尽管如此,管理派还是不断地用字母来代表美国企业的名字。2006 年 2 月,市值 39 亿美元的冠群国际公司(Computer Associates International)正式把名字改为 CA。

CA 的确是个简称,但是很不幸,美国邮电业早已把它作为加利福尼亚州(California)的代码了。

第 22 章

管理派热衷推陈出新
Management is bent on constant innovation

营销派认为一个就好
Marketing is happy with just one

美国零售商 Sharper Image 日前宣布破产，它曾以搜寻新颖独特的产品为己任，将其制作成目录营销，同时进入旗下 184 个实体店售卖。这些产品包括机器狗、电子空气净化器、卡拉 OK 伴唱机和生理自动反馈减压仪。

但创新并不是营销战略。那些依靠持续大流量创新产品的企业最后总避免不了陷入困境，Sharper Image 就是一个例子。

成功企业都需要营销战略，这些策略或许包含创新的元素，或许没有。然而很多管理学大师都将"创新"拔高到一个被广为认知的点，认为它是企业最重要的职能。

关于"创新"这个主题的书籍和文章最近也有不少。彼得·德鲁克也曾说过："企业最基本的职能有且只有两个：营销和创新。"

创新是备选

我们认为，企业只有一个基本职能——创建能够统领某一品类的品牌。在早期，创新可以帮助一个企业建立这样的品牌：

- 发明即时成像技术成就了宝丽来；
- 微型计算机成就了数字设备公司；
- 发明白纸复印机成就了施乐；
- 发明微处理器成就了英特尔；
- 无线电子邮件成就了黑莓；
- 发明运动员跑鞋成就了耐克。

但是当品类日趋成熟时，情况又不一样了。以汽车行业为例，它的重要创新早在几十年之前就诞生了：V-8 引擎、自动变速器、动力方向盘、空气调节装置、座位安全带、安全气囊等。

今天，创建强大汽车品牌的要义已经不在于创新，而是聚焦。今天市场上已有的大品牌并不是因为创新而强大，而是因为它们在某一产品特性或某一细分市场上聚焦：可靠性和丰田，驾驭性和宝马，年轻和塞恩。

背离核心定位的创新甚至会破坏品牌。PT漫步者（PT Cruiser）除了混淆顾客还给克莱斯勒带来了什么？辉腾给大众品牌带来了什么？"蝰蛇"（Viper）给道奇（Dodge）又带来了什么？

道奇是大型卡车品牌。购买卡车的顾客选择道奇难道是因为它能像蝰蛇汽车一样加速吗？

营销派都知道多数品牌并不需要创新，它们需要的是聚焦。它们要想清楚自己要代表什么（或者说能代表什么），以及需要用哪些营销战术才能成为这样一个代表。

像新可乐这样的创新差点就把这个品牌给毁了。

牺牲建立品牌

创建品牌的秘诀在于懂得取舍，而不是创新。搜索引擎一开始只是网络上的杂货品，直到谷歌的出现。

谷歌缩小焦点，只做搜索引擎，并在聚焦的过程中诞生了一个强大的品牌，但谷歌最近都在做什么呢？

它在创新。谷歌计划将品牌延伸到为广播、电视和报纸提供锁定型广告，还有谷歌电子邮件、谷歌个人电脑软件和谷歌手机软件，甚至投资上千万美元开发像太阳能、地热和风力这样的替代性能源。

美国《快公司》杂志（*Fast Company*）2008年3月号刊登了一篇名为《全球最具创新精神的50家企业》的特写报道，你也许已经猜到了——名列第一的正是谷歌。

这本杂志用了整整 18 页来描述谷歌的创新故事。应聘谷歌的人经常会被问到一个问题："如果可以用谷歌的资源去改变世界，你会选择做什么？"

我们的答案会是：就好像丰田创建雷克萨斯一样，我们将会创建另一个品牌，而不是拿这些资源砸掉自己起家的品牌。

苹果公司似乎是"创新做不了品牌"这一法则的例外。当然，苹果公司的成功在于人们普遍认为苹果产品意味着极度创新。

今天的情况确实是这样，但明天呢？创新的效力不能一直持续。苹果迟早会发现前面有一道无法逾越的障碍——它将不得不跟一群已经在各自领域成为领导品牌的对手作战。

除了 MP3，苹果现在并没有在任何其他品类里占据主导性地位，尽管它的创新产品在个人电脑领域跟惠普和戴尔抗争成功。在手机领域里它打败了诺基亚和摩托罗拉，在家用电器领域里战胜索尼和三星，甚至在个人电脑操作系统方面也让微软甘拜下风。但这个形势不会持续太久。随着品类的成熟，苹果必定会用尽创新的新点子。

看看 1996～2000 年，连续 5 年被《财富》杂志誉为"美国最具创新精神的企业"安然公司，在随后的一年，公司宣布破产。

安然是一个天然气管道公司，但它使自己"创新"进入了一系列在线业务，包括在线买卖石油、天然气、电力、高速资料传输、新闻纸、电视广告等。

死神并没有让安然公司陷入困境，是困境把安然公司送到了死神手中。

盈利公司的执行官一般不会伪造假账。安然公司愚蠢的战略造成的巨大损失最终把公司的管理派推下了悬崖。

创新会破坏品牌的可靠性

拿全球最畅销的波旁威士忌同时也是全球销量排名第 50 位的酒类品牌杰克丹尼（Jack Daniel's）来说，它的标签看起来就像从 1866 年的酿酒厂（在美国的第一家酿酒厂）开张以来就从未有过改变，标签上写着"Jack Daniel's Old Time Old No.7 Brand"。

如果没有注册，标签上还会写着"如同我们的父辈亲手酿造传承 7 代的威士忌"。

在烈酒、葡萄酒、啤酒、软饮料、食品、工具和其他很多品类中，右脑思维的营销派总是尽量保持品牌外观和信息表述的始终如一，这才能传达出品牌的可靠性。

通常一个新上任的 CEO 总想通过创新在品牌上留下自己的印记，这样的诱惑有时很难抵制。

没有行业比可乐行业带来过更多的创新了。百事可乐这些年推出过健怡百事、百事一号（Pepsi One）、早餐百事（Pepsi A.M.）、百事科纳（Pepsi Kona）、淡味百事（Pepsi Light）、边峰百事（Pepsi Edge）、百事至大（Pepsi Max）、超大百事（Pepsi XL）、火箭百事（Pepsi-Cola Retro）、蓝百事（Pepsi Blue）、无糖百事可乐爵士（Diet Pepsi Jazz）、原生态百事（Pepsi Raw）和百事足球（Pepsi N.F.L.Kickoff）。

（以上产品目录还不包括百事推出的香草、樱桃、青柠等各种口味。）

百事公司的一位执行官曾经说："蓝百事将会重振可乐品类，我们确信创新就是增长的关键。"

百事公司在英国正推出名为原生态百事的健康型可乐，市场总监称之为"百事英国公司在过去 15 年中最为重要的创新产品"。

再来看可口可乐，创新更是已经成为它的家常便饭，最新推出的是含有 5 种基本维生素和矿物质的健怡可乐+（Diet Coke Plus）。

而与此同时，随着人们转向喝水或其他更健康的饮料，美国的人均可乐消费量正持续缓慢下滑。

企业应该将用于创新的资金用来创建新品牌，而不是寄望通过创新去修补或拯救现有的品牌。为什么可口可乐公司没有将 5 种维生素和矿物质放在水里而是加到可乐里呢？可口可乐公司最近以 41 亿美元的价格收购了软饮料维生素水的生产商 Glacéau 公司。

如本章开头提到的 Sharper Image 公司的案例所说明的，创新不是战略，它只是一种战术，它的运用是要以公司营销战略的支持为前提的。

第 23 章

管理派热衷多媒体
Management has the hots for multimedia

营销派则反对
Marketing is not so sure

《花花公子》（*Playboy*）杂志正把它所有存档的资料数字化，总共 636 期杂志的内容都将一页一页地刻录到 6 张光盘上，每张光盘包含了 10 年的杂志，单张光盘售价 100 美元。

真是大错特错。

每当有新媒体产生时，管理派总在想"这真是拓展我们特许权的好时机"，于是杂志、报纸、广播、电视都纷纷将自己的品牌数字化。

左脑思维的管理派眼中的良机在右脑思维的营销派看来却是焦点的缺失。

兔女郎令人遗憾的历史

几年来，《花花公子》杂志已经把品牌扩张到俱乐部、赌场、书籍、音像制品、有线频道、日历、服饰、避孕套、卷烟、可乐和其他领域。

1971 年，《花花公子》公布的股票每股价值 23.5 美元。

现在的价格是每股 1.92 美元。

在过去的 10 年中，《花花公子》企业的财政收入达到 32 亿美元，但还是损失了 9.03 亿美元。

尽管这些结果令人忧虑，但还是有很多专家对《花花公子》的方法报以掌声。一家全球管理咨询公司的合伙创始人，同时著有 6 本关于战略思维的著作，在他的书中这样描述《花花公子》的战略模式：

> "以一类用户/顾客为目标人群的公司，将其所有业务都固定地围绕着一类鲜明而特定的终端用户或顾客。公司试图去满足从这类终端用户衍生出来的相关需求……例如，《花花公子》就是一个好例子，它运用的正是以某类顾客为导向的战略。杂志封面上'给男人的娱乐'很好地阐明了这一点。"

第 23 章
管理派热衷多媒体 营销派则反对

这些有什么意义吗？当然有。但是常理和营销直觉是不一样的。

《花花公子》落入了品牌线延伸的陷阱，这是管理派最容易犯的错误，将杂志数字化不过是一连串类似错误中最近的一个。

住在汉姆比山（Holmby Hills）豪宅区里，穿着睡衣的人很可能得不到媒体专家的尊重，[注] 但事实是，很多媒体正在犯和《花花公子》一样的错误。

只有空谈，没有行动

品牌线延伸曾经只是消费品公司的灾难，但是这场灾难正在蔓延到其他领域。

来看看《谈话》（Talk）杂志，或者说是蒂娜·布朗（Tina Brown）于1998年创办的 Talk 媒体公司，它由迪士尼公司下属的米拉麦克斯公司（Miramax）合伙经营。

据《纽约时报》报道，《名利场》（Vanity Fair）和《纽约客》（The New Yorker）杂志的前任编辑布朗女士宣布将"出版一份新月刊杂志，同时出版书籍，制作电影和电视节目"。

《谈话》杂志在推出 29 个月之后宣告失败，被曝损失 5 400 万美元，而这笔费用还包括了在自由女神岛上举办创刊派对的花费。这场豪华派对邀请了全球最知名的 1 400 位名人前往出席。

多媒体成为近年来报刊上的流行语。《商业周刊》称"投资者所能找到的多媒体还不够多，华尔街几乎对所有媒体公司的股票都竞出高价，指出这些媒体公司能提供大量的信息，这无疑给多媒体带来了生机。同时，大多数出版商也都蜂拥设立在线服务。"

[注] 《花花公子》的创始人热衷在家中开睡衣派对。——译者注

这是什么时候的报道？上周还是上个月，或者去年的？

都不是。《商业周刊》在 1993 年 12 月 6 日刊上就对多媒体的动向进行了报道，那是多年之前的事了。

词典中最危险的词

多媒体、多平台支持、多功能、多频道、多重数字、多面的，当你听到以"多"开头的词，你基本可以确定这是麻烦来临的信号。

米拉麦克斯电影公司创始人哈维·韦恩斯坦（Harvey Weinstein）和他的兄弟鲍勃从 Talk 媒体公司的灾难中吸取教训了吗？恐怕没有。

他的新投资正是同样的错误。《时代》杂志报道说："韦恩斯坦公司的定位更接近多样化的专业媒体公司，将围绕家庭影音、有线电视、百老汇剧场、图书出版和视频游戏等业务。当然，还有互联网。"

哈维·韦恩斯坦说："我们已经有一家电影公司。今天我们的业务是要提供内容和我们自己的分销渠道。"

早期的回报并不好。《财富》杂志引用了韦恩斯坦公司一位董事会成员的话，"这个财政年让人很失望"。

媒体巨头们总是摆脱不了"多"的思维。迪士尼前任 CEO 迈克尔·艾斯纳（Michael Eisner）总计耗资 3.85 亿美元收购了火箭泡泡糖和棒球卡的生产商托普斯公司（Topps）。

"托普斯这个品牌在美国男性的记忆中已经有将近 70 年的历史了，我可以利用它的亲和力把它转变成一家运动媒体公司。"艾斯纳先生这么说。

对一个媒体巨头来说，把泡泡糖变成媒体企业看起来并不是什么大问题。艾斯纳先生说："通过娱乐节目、互联网和电视，还有那些棒球卡，就可以把托普斯带到一个数字化的世界，并把它转变成一家比今天更大的媒体公司。"

我们认为，这个用泡泡糖吹出来的泡泡就快爆破了。

史蒂夫·凯斯（Steve Case）是美国在线网络服务公司（America Online）背后的主脑。在经历了与时代华纳公司（Time Warner）灾难式的合并后，凯斯先生把他的天赋转投到另一个方向——他的新公司：革命公司（Revolution LLC）。

革命公司要在哪个市场上掀起彻底革命？事实上有四个市场。

- 健康革命（Revolution Health），拥有一些小诊所和网站；
- 金钱革命（Revolution Money），提供以PIN码为基础的信用卡及其支付平台；
- 圣地革命（Revolution Places），提供奢华度假地咨询；
- 生活革命（Revolution Living），控股一家水疗公司和一家拼车服务公司。

商场如战场，二战中一个经典的故事就是市场花园行动（Operation Market Garden）的失败。在军事历史中，它有另一个名字叫作"夺桥遗恨"（*A Bridge Too Far*）。

革命公司真是一段更为深刻的遗恨。

并非所有内容都相似

管理派和营销派在不同的层面思考（很自然地，管理派总是在最高层）。

例如，方块10、扑克牌和游戏三种表达就在不同的抽象层面上，营销派的思维是"方块10"，而管理派的思维是"游戏"。

对营销派来说，《纽约时报》上的文章和好莱坞电影是完全不同的，但管理派可不这么想。

对管理巨头来说,"内容就是内容",唯一的差别就是包装和观看地点的不同。

惠普 CEO 马克·赫德指出了惠普的前进方向:"把家庭中的一系列信息内容都整合起来,不论它是从网络上、卫星上、有线电视还是个人电脑上来的,都可以整合起来带给消费者。"

索尼 CEO 霍华德·斯丁格(Howard Stringer)也说过类似的话:"Synergy 是回来复仇的。我没什么好为自己辩护的,如今,在任何时间、任何地点,在任何设备上获取内容信息的能力已经得到了公认。"

假设由信息的发出方来提供内容,接收方来决定他想要通过哪种媒介来阅读、听取或观看内容。这样,我们的生活就简单得多了。

究竟是什么原因使得大家都认为电视时代要终结了,每个人都会在他们的电脑上或(甚至更糟糕地)在手机上观看视频影像?

然而这正是比尔·盖茨在近期《华尔街日报》上的论调。

(电视时代仍然存在并且景象繁华,更多的人通过电视收看比以往更多的节目。尼尔森调查表明,平均一个美国人在 2008 年 5 月看电视 127 个小时,而这个数字在 2007 年 5 月时为 121 个小时。同期相应的对比数字,平均一个美国人花在互联网上的时间为 26 小时,2007 年同期的数字为 24 小时。)

新品牌 vs. 延伸品牌

至今最成功的互联网品牌都是一些新品牌,像谷歌、雅虎、亚马逊、易趣、YouTube、MySpace、Facebook、Priceline.com、Craigslist 在线分类广告网站、维基百科、美国在线等。

每个印刷媒体都觉得应该把品牌扩张到互联网才能成功。恰恰相反,应该立足原地,在网络新领域中推出一个新品牌。

当然,有一些小型的多媒体公司成功了。《华尔街日报》可能是最受瞩目的多平台操作媒体,它的在线服务拥有 931 000 个用户。

但我们质疑《华尔街日报》是否是一个"盈利"的多媒体成功案例。尽管它是全美国最为权威的出版物之一,但据报道它在 2007 年不但没有盈利,反而亏损。

《华尔街日报》在 1996 年推出了它的互动版,就是之后的《华尔街在线》(*Wall Street Journal Online*)。两年后,谷歌成立。

今天,谷歌的市值达到了 916 亿美元,而道琼斯[⊖]却被鲁伯特·默多克(Rupert Murdoch)的新闻集团(News Corporation)以 57 亿美元收购。

如果道琼斯的管理派当时问问自己:"利用网络新媒体独有的特性,我们能做些什么呢?"

"现在报纸的记者和编辑面临的最大问题是什么?"

"挖掘事实和数据的可靠来源使得报纸报道有所夸大和修饰。如果我们推出一个网络搜索引擎能帮助人们立即发掘这些事实和数据,情况会怎样?"

如果管理派能思考这些问题,没有推出《华尔街日报》的在线版本,情况会是如何?如果《华尔街日报》推出的是一个"谷歌"而不是报纸的在线版本,情况又会如何?可能道琼斯仍然会是一家独立的公司。

流行词就像死咬不松口的斗牛犬

然而多媒体的狂热也许还会伴随我们很长一段时间。一个流行词汇一旦引起了人们对某个行业的想象,这种想象就很难退去。

如果你认为 Lifetime 只是一个有线电视网络,那么你就错了。

[⊖]《华尔街日报》是道琼斯的旗舰报纸。——译者注

CEO贝蒂·科恩（Betty Cohen）女士说："如果我们运营得当，Lifetime就有机会成为女性整合电子媒体行业的领先企业。那是我们应该达到的目标，而不仅仅是有线电视网络。"

也许你认为美国工商出版社（American Business Press）只是一个商业书刊出版商机构。你错了。

美国工商出版社现在的名字是美国商业媒体（American Business Media）。

也许你认为康迪纳仕集团（Condé Nast）只是一个杂志出版商。你错了。

《纽约时报》报道说："尽管它出版了27份杂志，但是康迪纳仕集团并不喜欢仅仅被称为杂志公司。"康迪纳仕媒体集团的总裁理查德·贝克曼（Richard Beckman）说："我们是信息内容的提供商。"

也许你认为《今日美国》只是一份报纸。你又错了。

《今日美国》的出版商兼总裁汤姆·科利（Tom Curley）表示："我们不再是一份报纸，我们是一个网络。我们向电视行业提供信息内容，我们也为互联网提供来自同一核心平台的信息内容。"《广告时代》把《今日美国》称为"多平台支持的媒体品牌"。

也许你认为ESPN只是一家电视公司。那么你还是错了。

"我们不是一家电视公司，我们用媒体包围消费者。"ESPN的执行官约翰·斯凯帕（John Skipper）说。

连制造产品的实业公司也玩起了这门艺术。你或许认为莱昂纳尔公司（Lionel）不过是列车模型的生产商。那么你又错了。

在《华尔街日报》的一篇报道中，莱昂纳尔公司的首席执行官把公司视为"一家娱乐公司，而不仅仅是玩具生产商"。

你或许认为近期由电视广告局（Television Bureau of Advertising）赞助

的研讨会会将焦点放在电视行业上。错。

会议第一次围绕一个单一话题展开：多平台支持的重要性。也就是说，提供内容并投放广告，不仅仅是在当地的广播台，同时也通过视频点播或苹果数码播放的形式，涉足互联网、手机和其他无线设备。

你也许认为《电视指南》（*TV Guide*）只是一份杂志。错。

"凭借经过认证的多平台支持，为众多广告客户取得了成功，《电视指南》熟知如今市场的需求，能为各行业输送具有战略意义的节目。"这里包括杂志、频道、互动节目指南、视频点播、在线服务和手机网络。

也许你认为时代集团（Time Inc.）只是一个杂志出版商。你错了。

"我有1 000名出色的印刷媒体销售人员，他们将转变成1 000名出色的多媒体销售人员，"时代集团的董事长兼首席执行官安·摩尔（Ann Moore）说，"我们是一个信息内容的发布公司。我们创造并且编辑这些信息的内容，我们将最好的内容集合起来。我们将来可以用任何你想要的形式将内容传输给你——我们的读者。这种形式甚至会超越纸张的局限。"

这本书的合著者之一曾经是多媒体的信徒。数年前，他的代理商受雇于Norelco，为公司的新型多媒体投影仪制作广告宣传。他本人也非常喜欢这款产品。

不必说，这个多媒体投影仪没有什么前景。

第 24 章

管理派关注短期
Management focuses on the short term
营销派关注长期
Marketing focuses on the long term

典型的联合大企业领导人哈罗德·吉宁（Harold Geneen）有一句箴言："如果给每个季度制订计划，就相当于制订了全年计划。"

这位 ITT 前任 CEO 的另一句名言是："没有长期的计划。"

昨天的联合大企业如今已经不在了，但是这种管理式的思维却一直存在，"每个季度都制订计划，结果就会出现"。

短期一搏是为了长远的未来

营销有一个不同的方法，是时候让公司在前行的路上换挡变速了。

百事公司在 1997 年做出重重一击，它分拆了餐饮连锁（必胜客、肯德基和塔可钟），聚焦在饮料业务上。在公司实施这个战略的前一年，即 1996 年，我们在《聚焦：决定你公司的未来》（*Focus: The Future of Your Company Depends on It*）一书中就提到了这个做法。

采取这一举措有充分的营销理由。在最根本的业务上，百事可乐被可口可乐打败了。可口可乐打出了这样的广告标题："你身边还没有百事公司的餐厅吗？等 4 个小时吧。"

接下来的广告中说："每 4 个小时，百事公司就在其餐饮王国中增加一个餐厅，争夺你的业务，抢走你的顾客。"

相反，可口可乐承诺的是"奉献"，而不是"竞争"——很强、很有效地维护了可口可乐在饮料这一根本业务市场中的巨大份额。

餐饮连锁的拆分促成了百事公司在 2000 年对桂格燕麦公司和旗下佳得乐品牌的收购，这大大增强了百事公司饮料业务的阵容。

"退一步，进两步"是一条通用原则。

在我们的战略咨询工作中，我们常常建议公司砍掉不相干的产品和服务（这是退一步），然后找到一个在将来能够推动公司业务的焦点（这就是进两步）。

几年前，我们试着向一家著名的软件公司提出这个建议。当时 CEO 的反应是："什么？你们要砍掉一个每年能带来 7 500 万美元收益的分支？"（这家著名的软件公司如今已经不在经营了）。

有一句古老的格言是这么说的："旧做法不会带来新收获。"要打破这个僵局，就只能改变旧做法。

而那些"按季度制订计划"的经理几乎不会接受这后退的一步。

触顶的突发增长

一些公司通常发现，若不是通货膨胀的影响，增长是很难实现的，所以公司就把重点放在削减成本和裁员上。

可口可乐公司就是其中一个。在郭思达执掌可口可乐公司的 16 年间（自 1981 年至 1997 年逝世），可口可乐的市值从 40 亿美元增长到 1 450 亿美元。此后 11 年中，可口可乐的市值一直处于窄幅波动的横向走势。我们最近一次关注的时候，它的市值是 1 014 亿美元。

可口可乐做错了什么？

什么也没错。

这只是因和果的典型案例。可乐市场在震荡（因），所以股市也在震荡（果）。

至少可口可乐公司没有因购买餐饮连锁而失去它的焦点。相反，可口可乐一直聚焦于饮料行业。这是很好的营销思路。

糟糕的是公司如何处理可口可乐这一价值连城的品牌。

青少年放弃可口可乐和百事可乐的原因之一是每罐可乐中含有 150 卡路里的热量。如今减肥成为热门，而肥胖正被淘汰，尽管与实际相比，这个概念在很大程度上还处于理论层面。

随着人们越来越关注肥胖带来的危害，你或许以为健怡可口可乐和百事轻怡可乐会比它们的普通可乐畅销。事实上并没有。根据我们最近一次对其销量的调查，健怡可乐的销量只占到可口可乐产品总销量的41%。

可口可乐本应怎么做

推出一个零热量的独立品牌来吸引年轻一代。

事实上，可口可乐公司曾经这样做过。这个品牌就是Tab，它曾经是低热量可乐品类中的市场领先者（在健怡可乐推出之时，Tab是低热量可乐的第一品牌，比百事轻怡可乐多32%的市场份额）。

一个战术上的错误扼杀了Tab品牌，尽管这个战术执行得很慎重。公司没有把最新的甜味剂[阿斯巴甜（aspartame）]用在Tab可乐中，把它留给了健怡可乐，而在Tab可乐中添加了糖精（saccharin）。

现在，年轻人认为健怡可乐是那些正在减肥的、年纪大的人喝的，而男士则认为健怡可乐是给女士喝的。这些认知都不足以使健怡可乐成为21世纪令人欢呼的饮料。

Tab和健怡可乐的对比正是着眼于长期或短期思考的好例子。在短期来看，健怡可乐确实取得了巨大的成功。在推出的一年后，它成为最畅销的低热量软饮料。最终它被评选为20世纪80年代最好的新产品。

但从长期来看，Tab会是个更好的选择，它不仅不会被当作可口可乐的又一个子品牌（这是人们对健怡可乐的认知），Tab还可以被定位成一个完全独立的产品，甚至成为未来的可乐品牌。

最近，可口可乐尝试另一个方向的产品线延伸，主要针对年轻消费群，它被命名为零度可乐（Coke Zero），已经初获成功。

零度是个不错的命名,但是名字的另一半Coke(可乐)就把这个品牌锁在了过去。此外,零度还被用在了雪碧和动乐(Powerade)两种产品上,反而被削弱了品牌的力量。

实在是很糟糕。可乐之所以能取得瞩目的成就,其中一个原因就是它具有多重的口感。姜汁汽水(Ginger Ale)喝起来就是生姜味,柠檬汽水(Lemonade)喝起来就是柠檬味,橙味汽水喝起来就像橙子味。

但是一瓶可乐包含很多种味道:焦糖、香草、橙子、柠檬、青柠和很多香料。

就像上好的红酒也会有多重口感,可乐可不是一种单调的饮料。习惯喝可乐的人从不会对可乐感到腻味。如果不被贴上"过时"的标签,可乐就可以有一个光明的未来。同时,如果两大可乐公司中谁也不推出新品牌的话,前途依然未卜。

营销中最困难的问题之一就是在今天和未来的需求之间找到平衡点。健怡可乐在短期里显然是成功的,但在长期中就很难说了。

另外,很明显,健怡可乐针对的是普通可口可乐,它被定位为"不含热量的可口可乐"。

这是品牌建立中的跷跷板现象,一个抬高了,另一个就落下了。

微软疲软了

另一个爆发性增长的企业是微软。在2002财政年,微软股票的每股价值达到35美元。此后5年,它再也没有达到这个水平了。上一次我们关注的时候,它的每股价值20.3美元。

当公司疲软的时候,管理派有两个选择:修正问题,或通过收购其他公司来隐藏问题。微软试图以446亿美元收购雅虎(从营销层面来考虑,这不是一个好主意，因为它会致使公司失去原本的焦点）。

微软的问题是什么？是它的Windows操作系统，它最核心的价值所在。Windows操作系统的Windows Vista版本从研发开始已经耗费了6年时间、60亿美元。

Windows的发展和可口可乐一样。

- 当营养学家对一罐可乐中150卡路里的热量提出质疑时，可口可乐增加了健怡产品；
- 当家长对一罐可乐中45毫克的咖啡因提出质疑时，可口可乐增加了不含咖啡因的产品；
- 当消费者开始转向果汁饮料时，可口可乐又增加了樱桃、柠檬和青柠口味；
- 当消费者开始转向维生素水时，可口可乐又增加了添加维生素的产品（Coke Plus）。

可口可乐总计推出了14种不同的口味。至今，微软也只推出了6种Windows系统，但是对它来说，可能有5种是多余的。

这6种系统是：初级版Windows 2007、Windows Vista企业版、Windows Vista家庭基本版、Windows Vista家庭高级版、Windows Vista终极版、Windows Vista商务版。

Vista太大、太复杂、不易操作、售价太高，它的未来还很迷茫。

一个今天的品牌，一个未来的品牌

考虑到品牌，左脑思维的管理派的想法都很简单："把所有的努力都放在我们的核心品牌上，不管它的品牌延伸到哪里了。"这在短期内或许会奏效，但在长期则不然。

右脑思维的营销派思考得就不同了。营销是一个长期命题，新战略要经过几年的时间才能实现成果。

营销派很可能会说："保持现有核心品牌的聚焦，未来再推出第二个品牌，或者还有第三个、第四个品牌。"

为什么个人电脑的屏幕看起来就要像波音747飞机的仪表盘那么复杂？

绝大多数消费者只用电脑的几个最基本的功能：电子邮件、网页浏览和收藏照片。微软应该推出操作系统的第二个品牌，大大降低它的复杂程度。

当然，这样一个系统就意味着要从头开始，只兼容极少数甚至不兼容现有的软件。这是后退的一步。

接下来就是营销的工作了，简单并不是定位这个新品牌的方向。那就好像在说："傻瓜，我们有为你准备的软件。"

速度是一个新定位。电脑的运行速度将得到飞速提升。目前Windows的自带软件运行速度缓慢得令人苦恼。李科姆（Lee Gomes）在《纽约时报》的报道中写道：他的专栏读者一直问一个问题："为什么Windows的每个新版本都需要更大的存储空间和更快的CPU，而速度却一个比一个慢"。

任何一台普通的个人电脑都能在半秒钟内将上千个随机的单词按照字母顺序排列。然而开启这台电脑却要用上两三分钟的时间。

有多少人会去买一部要用两三分钟才能与网络连接上的手机？

有多少人会去买一辆要用两三分钟才能在车库里断断续续发动起来再开出去的汽车？

一辆能在半秒内就能将速度从零加速到每小时100英里的汽车，如果要用3分钟才能把它开出车库，这样的汽车也不会卖得动。

一个快速的操作系统可以成就未来的微软品牌，这就是进了两步。

我们能想象微软的反应："什么？你们要砍掉一个每年能带来7 500万美元收益的分支？"

第 25 章

管理派依靠常理
Management counts on common sense

营销派依靠直觉
Marketing counts on marketing sense

"常理"是横在管理派左脑支配的逻辑和分析思维与营销派右脑支配的感性和整体思维之间的鸿沟。

随着市场营销人员工作经验的累积，他会越来越多地发现被我们视为当然的"常理"常常出错。

美国最著名的营销学教授菲利普·科特勒说过："市场营销这门学问用一天就能学会，但是要穷尽一生才能真正掌握。"

面对那些有权决定营销策略但缺乏必须用一生来积累的营销经验的执行官员，营销人员要怎么做？

要是我们能知道就好了。

必败之战

我们在很多国家的很多企业董事会里与CEO们一起开会讨论。

"你的观点棒极了，但是我们会按照我的思路来执行，"典型的CEO一般都这么说，"我相信我们的营销团队可以出色地执行我们的新战略。"

市场营销依靠的是90%的战略和10%的执行。有了合适的产品和一个好名字，找到了目标消费群，用一个精准的定位在一个合适的时间推广，绝大多数的营销战略都能奏效。真正困难的部分在于这90%，10%的具体执行并不费力。

从根本上来说，执行依靠的是人。人和人总是不同的，即使两家公司同样各雇用1 000名员工，其员工的执行能力也几乎没有可比性。

此外，好的战略有助于推进执行。事实上，好战略能促发更好、更加一致的执行。

历史上最伟大的军事战略家克劳塞维茨说过："如果我们认为战略是无关于军事力量的战术问题，那么我们就错了。"

绝大多数的管理学出版物也把焦点放在了执行上。《财富》杂志曾在一篇报道中写道:"有90%的机构都没有把策划得很好的战略执行好。"

但是如果未能执行好战略,如何得知这些战略从一开始就是"策划得很好"的呢?

好的执行也无法改变或改善一项糟糕的营销战略。

在"常理"这一边的管理派用理智和判断力来处理问题,他们的重点总是在产品上,"如果我们能生产一个比竞争对手更好的产品,以更低的价格出售,我们一定能打赢这场仗"。

令营销派受挫的是,"营销设想"看似不合逻辑、反常理,却有可能提升企业的业绩。而管理派强调的"常理"却排除了这个可能性。

想法不重要吗

"我发现,管理并不神秘,从概念上讲也不困难,"世界闻名的管理学大师、伦敦商业学院(London Business School)创建人查尔斯·汉迪(Charles Handy)写道,"它的困难在于想法的运用,而不是想法本身。"

当然,如果你相信并不存在有价值的概念性想法,管理从理论上来说确实不难。

营销设想从概念上来说是很难的,因为营销设想与"常理"是抵触的,它们关系到改变人们固有的习惯和认知,这是万分艰巨的任务。问问精神病学家或心理学家就知道了。

猜猜谁是这场董事会战争的赢家?不是反常理的营销派,而是管理派。

当一个企业陷入了困境,解决方法总是相同的"常理":提高产品质量,减少产品成本,降低产品价格。

然后召开员工会议,谈谈忠诚度、热情和团队建设。

产品线延伸说了算

产品线延伸已经被管理派奉为教条。我们无数次地与企业的管理派就这一决策发生争执。

猜猜西联汇款（Western Union）开始进入到电话服务行业时决定用什么名字？当然是"常理"做出的决定。

西部联盟曾经是一家有着百年历史的公司，为什么不能把这一古老而知名的名字用在新的电话服务行业？

这个常理的决定听起来毋庸置疑，但是使公司的损失达到6亿美元，最终破产。

猜猜柯达在进入复印机领域，与施乐、佳能、理光竞争时，它使用了什么名字？

当然，还是柯达。另一个"常理"式的决定变成了一场营销灾难。

猜猜施乐在进入台式电脑行业时用了什么名字？

当然还是施乐。在支付了10亿美元购买数据系统后，施乐指出自己的品牌会被更好地认同。也许是事实，可惜认知可不是这样的。

猜猜IBM决定进入个人电脑领域时用了什么名字？再猜猜是谁打赢了个人电脑这场营销战？

这场战争的一方是当时全球最强大的公司（IBM），另一方是得克萨斯大学的一名二年级学生（迈克尔·戴尔）。

常理思维会告诉你戴尔在个人电脑领域绝不可能战胜IBM。⊖

猜猜世界上最大的书籍经销商邦诺书店决定启动互联网购书业务、与亚马逊一决高下时用了什么名字？再猜猜谁赢得了这场战争？

赢家并不是邦诺书店，而是由31岁的杰夫·贝索斯创建的网络书局，而贝佐斯在此之前从未卖过图书。

⊖ 如今IBM个人电脑业务已经被"联想"收购。——译者注

第25章
管理派依靠常理 营销派依靠直觉

博斯管理咨询公司

猜猜博思艾伦咨询公司（Booz Allen Hamilton）决定将其全球商业管理咨询事务所分拆成立一家独立的公司时用了什么名字？

没错，博斯管理咨询公司（Booz & Company）。

这是典型的管理式思维。名字没有多大关系——即使有，博思艾伦咨询公司拥有94年历史的名声也会给新公司带来好处。

在疯狂的时间里，管理咨询家们为自己制造了两个长期的营销问题。

博斯（Booz）这个名字就是其中一个问题，应聘者会成为"博斯人"（Boozers）吗？我们可不这么希望。

第二个问题就是两家公司之间的混淆：博斯艾伦咨询公司是专注于美国政府工作管理咨询的公司，博斯公司是全球商业管理咨询公司。

对左脑思维的管理派来说名字并不重要，但是对消费者和右脑思维的营销派来说，名字就很重要。营销派在其整个职业生涯中都在研究消费者行为，包括品牌命名产生的正面或负面的影响。

律师、会计师和营销派

与管理派站在"常理"同一边的还有律师和会计师，他们相处得十分融洽。

当管理派遇到了法律问题，他们就会寻求律师的帮助，并毫无例外地接受他们的意见。

当管理派遇到了账目问题，他们就会寻求会计师的帮助，并毫无例外地接受他们的意见。

当管理派遇到了营销方面的问题，他们会求助于营销派，然后说："我们会按照我的想法来做，营销不过是一些常理性问题。说到常理，没人能比CEO更了解的了，不是吗？"

确实如此。

但是，在今天的商业界，这种"常理"性的思维已经不起作用了，唯一能奏效的是市场营销感觉。

战争还在继续

事实上，战争才刚刚开始。每年产生的新一代MBA进入企业会议室走入战场，为他们的管理职位做好应战的准备。

每年，那些美国最著名的报纸、杂志和电视台都不断补充着管理界的教条：《华尔街日报》《纽约时报》《金融时报》（*Financial Times*）、《财富》杂志、《福布斯》杂志、CNBC（美国全国广播公司财经频道）、福克斯商业网络（Fox Business Network）。

几乎没有（即使有，也只有极少的）媒体会报道市场营销方面的故事。

当然，它们也会谈营销，但是得用管理术语。生产更好的产品、提供完整的生产线、扩大品牌、针对市场中心、保持永久性增长、为顾客创造生活、坚持创新、利用多媒体、特别是要运用那些朴实而悠久的"常理"。

所有这些概念都非常有意义，只不过没有营销意义罢了。管理派永远不会了解市场。他们为什么要了解？管理派还有很多重要的事要去担心：产品、资金、法律、职员流动、政府关系。

要向管理派灌输一个营销理念，营销派应该牢记这条原则：左脑思维的管理派永远不会懂右脑思维的营销派。

第25章
管理派依靠常理 营销派依靠直觉

这是一场必败之战吗

绝不是，但是营销派要用管理派的语言表达将营销理念灌输给管理派，而不是营销语言。

一个营销派应该用分析工具来支持全面的观点，用事实、数据、市场份额和其他资料把直观的想法表述给一个逻辑思维者。

这也正是我们要在本书中列举大量有效的或失败的营销案例的原因。

不要只是灌输一个定位概念，要做成一个推理，"我们像丰田汽车那样做，在美国市场投放一个高端品牌（雷克萨斯），就算那里还没有高端产品或服务的市场"。

或者"我们应该像亚洲航空公司那样，启动一个低端品牌，虽然那里低端产品或服务的市场还是一片空白"。

又或者"我们应该像苹果那样，开创像iPod那样的第二个品牌。"

营销派可以概念化地思考，但是要用支持逻辑和分析的推论表述给管理派。

营销派应该用文字表述来阐明视觉构想，谈谈"推理"而不是图标式的注解；谈谈产品的优势和特点，而不是一味强调品牌在认知上的定位。

（管理派的思维与营销派的思维永远无法完全互相理解。）

最重要的是不要放弃战争。

抓住任何能把握的机会，用市场营销上有力的证据将信息传达董事会里战争的另一方——管理派。

前进吧，营销战士们！

彼得·德鲁克全集

序号	书名	序号	书名
1	工业人的未来 The Future of Industrial Man	21 ☆	迈向经济新纪元 Toward the Next Economics and Other Essays
2	公司的概念 Concept of the Corporation	22 ☆	时代变局中的管理者 The Changing World of the Executive
3	新社会 The New Society：The Anatomy of Industrial Order	23	最后的完美世界 The Last of All Possible Worlds
4	管理的实践 The Practice of Management	24	行善的诱惑 The Temptation to Do Good
5	已经发生的未来 Landmarks of Tomorrow：A Report on the New "Post-Modern" World	25	创新与企业家精神 Innovation and Entrepreneurship
6	为成果而管理 Managing for Results	26	管理前沿 The Frontiers of Management
7	卓有成效的管理者 The Effective Executive	27	管理新现实 The New Realities
8 ☆	不连续的时代 The Age of Discontinuity	28	非营利组织的管理 Managing the Non-Profit Organization
9 ☆	面向未来的管理者 Preparing Tomorrow's Business Leaders Today	29	管理未来 Managing for the Future
10 ☆	技术与管理 Technology，Management and Society	30 ☆	生态愿景 The Ecological Vision
11 ☆	人与商业 Men，Ideas，and Politics	31 ☆	知识社会 Post-Capitalist Society
12	管理：使命、责任、实践（实践篇）	32	巨变时代的管理 Managing in a Time of Great Change
13	管理：使命、责任、实践（使命篇）	33	德鲁克看中国与日本：德鲁克对话"日本商业圣手"中内功 Drucker on Asia
14	管理：使命、责任、实践（责任篇）Management: Tasks,Responsibilities,Practices	34	德鲁克论管理 Peter Drucker on the Profession of Management
15	养老金革命 The Pension Fund Revolution	35	21世纪的管理挑战 Management Challenges for the 21st Century
16	人与绩效：德鲁克论管理精华 People and Performance	36	德鲁克管理思想精要 The Essential Drucker
17 ☆	认识管理 An Introductory View of Management	37	下一个社会的管理 Managing in the Next Society
18	德鲁克经典管理案例解析（纪念版）Management Cases(Revised Edition)	38	功能社会：德鲁克自选集 A Functioning Society
19	旁观者：管理大师德鲁克回忆录 Adventures of a Bystander	39 ☆	德鲁克演讲实录 The Drucker Lectures
20	动荡时代的管理 Managing in Turbulent Times	40	管理(原书修订版) Management (Revised Edition)
注：序号有标记的书是新增引进翻译出版的作品		41	卓有成效管理者的实践（纪念版）The Effective Executive in Action

科特勒新营销系列

书号	书名	定价	作者
978-7-111-71337-1	营销革命5.0：以人为本的技术	69.00	(美) 菲利普·科特勒
978-7-111-66272-3	什么是营销	69.00	曹虎 王赛 科特勒咨询集团(中国)
978-7-111-62454-7	菲利普·科特勒传:世界皆营销	69.00	(美) 菲利普·科特勒
978-7-111-63264-1	米尔顿·科特勒传:奋斗或死亡	79.00	(美) 菲利普·科特勒
978-7-111-58599-2	营销革命4.0:从传统到数字	45.00	(美) 菲利普·科特勒
978-7-111-61974-1	营销革命3.0:从价值到值观的营销(轻携版)	59.00	(美) 菲利普·科特勒
978-7-111-61739-6	水平营销:突破性创意的探寻法(轻携版)	59.00	(美) 菲利普·科特勒
978-7-111-55638-1	数字时代的营销战略	99.00	(美) 艾拉·考夫曼 (中) 曹虎 王赛 乔林

定位经典丛书

序号	ISBN	书名	作者
1	978-7-111-57797-3	定位（经典重译版）	（美）艾·里斯、杰克·特劳特
2	978-7-111-57823-9	商战（经典重译版）	（美）艾·里斯、杰克·特劳特
3	978-7-111-32672-4	简单的力量	（美）杰克·特劳特、史蒂夫·里夫金
4	978-7-111-32734-9	什么是战略	（美）杰克·特劳特
5	978-7-111-57995-3	显而易见（经典重译版）	（美）杰克·特劳特
6	978-7-111-57825-3	重新定位（经典重译版）	（美）杰克·特劳特、史蒂夫·里夫金
7	978-7-111-34814-6	与众不同（珍藏版）	（美）杰克·特劳特、史蒂夫·里夫金
8	978-7-111-57824-6	特劳特营销十要	（美）杰克·特劳特
9	978-7-111-35368-3	大品牌大问题	（美）杰克·特劳特
10	978-7-111-35558-8	人生定位	（美）艾·里斯、杰克·特劳特
11	978-7-111-57822-2	营销革命（经典重译版）	（美）艾·里斯、杰克·特劳特
12	978-7-111-35676-9	2小时品牌素养（第3版）	邓德隆
13	978-7-111-66563-2	视觉锤（珍藏版）	（美）劳拉·里斯
14	978-7-111-43424-5	品牌22律	（美）艾·里斯、劳拉·里斯
15	978-7-111-43434-4	董事会里的战争	（美）艾·里斯、劳拉·里斯
16	978-7-111-43474-0	22条商规	（美）艾·里斯、杰克·特劳特
17	978-7-111-44657-6	聚焦	（美）艾·里斯
18	978-7-111-44364-3	品牌的起源	（美）艾·里斯、劳拉·里斯
19	978-7-111-44189-2	互联网商规11条	（美）艾·里斯、劳拉·里斯
20	978-7-111-43706-2	广告的没落 公关的崛起	（美）艾·里斯、劳拉·里斯
21	978-7-111-56830-8	品类战略（十周年实践版）	张云、王刚
22	978-7-111-62451-6	21世纪的定位：定位之父重新定义"定位"	（美）艾·里斯、劳拉·里斯 张云
23	978-7-111-71769-0	品类创新：成为第一的终极战略	张云